MYTHOLOGIE JAPONAISE

Christopher Adjani

Contenu

CHAPITRE 1

LES ORIGINES DU MONDE

Le pays des morts et la naissance de la mort

Les mythes et récits shintoïstes (religion polythéiste japonaise) abondent dans les plus anciens documents historiques du Japon, tels que le Kojiki (Records of Ancient Matters) de 712 CE et le Nihon Shoki (The Chronicle of Japan) de 720 CE. L'histoire de la création de la Terre et du cosmos y est incluse. On n'en parle plus beaucoup depuis la publication de ces livres, bien que plusieurs personnages du récit de la création apparaissent dans d'autres mythes japonais et dans le shintoïsme.

Si vous voulez connaître la mythologie japonaise et son influence sur la société japonaise, vous devez commencer par le récit de la création, même si la plupart des Japonais n'y croient plus. Le récit de la création du Kojiki diffère de celui du Nihon Shoki, mais la

majorité des gens préfèrent la version du Kojiki, nous nous en tiendrons donc à celle-ci.

Le chaos silencieux, tel qu'il est dépeint dans de nombreuses histoires d'origine, est la façon dont le cosmos a commencé. Les particules et la lumière ont commencé à se déplacer en raison de ce désordre. Pour que la lumière soit au-dessus du cosmos, elle devait s'élever plus vite que les particules. Les nuages de Takamagahara se sont formés à partir des particules les plus légères qui flottaient à la surface (La Plaine du Haut Ciel). Comme la matière plus dense ne pouvait pas flotter vers le haut, elle s'est accumulée sous les cieux pour devenir la planète Terre.

Après la création, les kotoamatsukami (les cinq dieux célestes distincts) sont apparus dans le ciel. Les zouka-Sanshin sont les trois premiers à avoir vu le jour, et ils sont désignés comme tels (les trois dieux de la création). Un "dieu solitaire" est un dieu ou une divinité qui apparaît spontanément, qui n'a pas de compagnon et qui est fondamentalement dépourvu de genre, par opposition à la paire habituelle mâle-femelle dont la plupart des dieux sont censés descendre. Ils sont entrés dans la clandestinité dès que ces kami ont fait leur apparition.

Le kamiyo-nanayo est apparu à la suite de cela (Les sept générations de l'âge des dieux). Après cela, cinq paires de kami mâle-femelle sont apparues. Ils n'étaient pas seulement mari et femme mais aussi frère et sœur, comme dans de nombreuses autres histoires.

Il existe aujourd'hui de nombreux kami, mais l'histoire des origines du Japon décrit comment les 17 premiers kami, les cinq

kotoamatsukami et les douze kamiyo-nanayo ont vu le jour. Izanami (She-Who-Invite) et son frère Izanagi formaient le dernier duo kamiyo-nanayo (He-Who-Invites). L'un des kami les plus vénérés, Izanagi et Izanami, est censé avoir donné naissance à des centaines voire des millions d'autres kami.

kuniumi a été attribué à Izanagi et Izanami par l'ancien Kam (Naissance du pays). Là, sur ce qu'on appelait alors "le pont flottant du ciel", ils se retrouvèrent reliés à la Terre par un mince ruban d'eau. La première île, Onogoro-Shima, a été créée en barattant la Terre avec une lance ornée de bijoux, puis en soulevant la pointe de la lance pour laisser l'eau s'écouler (on ignore où se trouve cette île aujourd'hui). À la suite de leur installation sur l'île, Izanami et Izanagi ont créé les huit grandes îles connues sous le nom de "ooyajima" (huit grandes îles) : l'île Awaji, Shikoku, les îles Oki, Kyushu, l'île Iki, l'île Tsushima, les îles Sado et Honshu. Ils se sont mariés sur le pilier situé au sommet de leur château et ont donné leur nom aux îles. Il n'y avait aucune mention du reste du globe ou d'autres îles comme Hokkaido dans l'ancien texte japonais.

Il n'a pas fallu longtemps pour que le kamiumi (la naissance des dieux) se produise. Une variété de kami fut créée par Izanagi et Izanami, certains masculins, d'autres féminins, et quelques-uns sans distinction de sexe. Izanami, la déesse du feu, a été tuée en donnant naissance à leur dernier enfant, Kagutsuchi. Lorsque Izanagi pleura en se lamentant sur sa perte, il donna naissance à encore plus de kami. Dans sa fureur, il tua Kagutsuchi avec une épée, le coupant en huit morceaux, ce qui déclencha l'éruption de huit volcans dans la région. Le corps de Kagutsuchi a donné naissance à huit kami, tandis que son sang sur l'épée et les rochers qui l'entouraient ont produit huit autres kami.

Yomi, le pays des morts, est mentionné dans la mythologie shinto (littéralement "printemps jaune" ; la véritable signification de Yomi est inconnue en japonais, mais l'écriture vient du taoïsme). Pour une raison quelconque, Izanami avait mangé de la nourriture à Yomi au moment où Izanagi est arrivé, et ne pouvait donc pas partir sans Izanami. Il a consenti à la demande d'Izanami de s'engager à ne pas la dévisager si elle demandait aux dieux de Yomi la permission de partir. Izanagi s'est inquiété du fait qu'elle mettait beaucoup de temps à arriver, alors il a allumé son peigne dans ses cheveux afin de la chercher. Cependant, il fut horrifié de voir qu'elle s'était décomposée en un cadavre en décomposition. Effrayé, il prit la décision de quitter sa femme et de partir. Cette humiliation a poussé les yomotsu-shikome (démons féminins de Yomi) à envoyer huit kami du tonnerre après Izanami.

Izanagi a jeté sa coiffe, qui s'est transformée en raisin, et son peigne, qui s'est transformé en bambou, alors qu'il était poursuivi par le shikome. Un trio de pêches d'Izanagi fit fuir les guerriers Yomi et les huit kami du tonnerre (on pensait à l'époque que les pêches avaient une magie qui bannissait le mal). Lors de la rencontre entre Izanami et Izanagi, cette dernière a hissé un gros rocher et a obstrué le passage entre le monde des morts et le pays des vivants (qui se trouverait à Matsue, dans la préfecture de Shimane). S'il ne reste pas avec elle, elle tuera 1 000 personnes par jour, cria Izanami par- dessus le rocher, et Izanagi répondit en s'assurant que 1 500 bébés naissent chaque jour. Izanami est devenu le roi des morts, tandis

qu'Izanagi est devenu le souverain des vivants une fois leur mariage terminé.

Ainsi, une fois qu'il a quitté Yomi, Izanagi a cherché à se purifier par la pratique du misogi (un rite de purification shintoïste effectué dans une rivière). Après avoir accompli cette cérémonie, 23 kami ont été formés, et à la fin du rite, trois kami supplémentaires ont été créés, connus sous le nom des "trois enfants précieux" dans le shintoïsme. La déesse du soleil Amaterasu (littéralement, "La lumière du ciel") a été créée après le lavage de l'œil gauche d'Izanagi. L'une des divinités nocturnes connue sous le nom de "Lecteur de la Lune" (Tsukuyomi) est née du lavage de son œil droit. Enfin, la divinité masculine des vagues et des tempêtes, Susanoo (qui pourrait signifier "l'homme/dieu masculin de Suse"), a été créée par le lavage de son nez. C'est pour cette raison que nous nous lavons les mains avant d'entrer dans un sanctuaire ou un temple pour purifier nos âmes.

La naissance du soleil, de la lune et du vent

Les deux dieux, Izanagi et Izanami, dans la mythologie japonaise, sont censés avoir créé le territoire sur lequel le Japon et ses autres dieux résident désormais.

On dit qu'Izanagi et Izanami ont secoué les eaux primordiales avec leur lance en joyaux depuis le pont des cieux.

Onogoro, la plus ancienne terre solide connue, s'est formée lorsqu'une partie de l'eau de leur lance est tombée dans l'océan.

En conséquence, Izanagi et Izanami se sont mariés et ont déménagé à Onogoro. Un bébé malformé est né du couple, mais ils ont réussi à l'élever comme le leur. Selon d'autres dieux, cela était dû au fait qu'Izanami avait parlé avant Izanagi lors du rituel de mariage.

En conséquence, le couple s'est remarié et a tout arrangé cette fois. Huit adorables enfants sont nés de cette union, et ils formeront ensuite le Japon.

En conséquence, le couple a développé un certain nombre de déesses et de divinités différentes pour refléter les paysages variés du Japon.

Izanami, cependant, a subi des brûlures mortelles en donnant naissance à Kagutsuchi, la divinité du feu. Les divinités continuaient à naître alors qu'elle était en train de mourir dans son lit d'hôpital.

Les larmes d'Izanagi ont également fait naître un certain nombre d'autres divinités. Izanami mourut et fut enterrée au Yomi-tsu Kuni, où elle reposa en paix.

Pendant ce temps, Izanagi a juré qu'il ramènerait sa femme bien- aimée de la région de la mort et des ténèbres. Depuis les ombres des ténèbres et de la mort, Izanami a accueilli son mari alors qu'il approchait des portes de Yomi.

Elle demanda à Izanagi de ne pas la regarder dans cet état et prétendit qu'elle allait essayer de se libérer des divinités de Yomipower's Izanami, voulant voir sa femme, ignora le conseil et alluma la lampe pour pouvoir la regarder. Il s'est enfui de Yomi, terrifié à l'idée de voir le corps en décomposition d'Izanami.

Lorsque son mari n'a pas donné suite à ses intentions, elle a libéré une armée d'esprits féminins, huit dieux du tonnerre et une horde de terribles guerriers pour lui faire subir des ravages.

Izanagi, de son côté, a échappé à l'attaque et a utilisé un énorme rocher pour obstruer le chemin entre les vivants et Yomi. Tous deux ont accepté la fin de leur mariage après une longue dispute.

Susanoo, la divinité japonaise du vent, des vagues et des océans, était l'une des divinités les plus vénérées et les plus puissantes de la mythologie japonaise. Le folklore nous apprend l'existence d'un dieu japonais qui supervise tous les aspects de notre vie.

Dieu du vent et de la mer, Susanoo ou Susanowo, est le nom de cette divinité. Dans la mythologie japonaise, il joue un rôle crucial. Susanoo est également connu pour son rôle dans le développement de l'agriculture. Image via Unsplash

Izanagi était déterminé à se purifier après la fin de la guerre. Alors qu'il se dépouillait de ses vêtements et de ses bijoux, chaque objet qui tombait sur le sol était transformé en divinité. En se lavant le visage, il a vu d'autres divinités apparaître autour de lui.

Son rituel de lavage de visage a créé les divinités majeures suivantes:

En tant que déesse du soleil, Amaterasu apparaît à travers l'œil gauche.

Déité de la lune aux yeux droits Tsukuyomi Le dieu du vent, Susanoo, apparaît par le nez.

Amaterasu a reçu le ciel, Tsukuyomi a reçu la lune et la nuit, et Susanoo a reçu les mers et les océans par Izanagi à la fin.

Orochi, Susanoo, et la réconciliation avec Amaterasu

Orochi

Le serpent à huit têtes et huit queues Yamata/Yamato no Orochi/Orochi (en japonais : OR) est bien connu du folklore japonais pour son penchant pour l'alcool et la chair humaine.

Apparition

Yamata no Orochi est un serpent géant avec huit têtes et huit queues. Ses yeux sont d'un rouge éclatant, et son ventre est également cramoisi. Il y a huit vallées et huit collines entre la bête et son corps. Son dos est couvert de sapins et de cyprès, tandis que le reste de son corps est recouvert de mousse.

Origine

Le Kojiki et le Nihongi, deux des plus anciens documents écrits du Japon, font tous deux référence à Yamata no Orochi. La légende remonte à bien plus loin dans le temps.

Le combat avec Susanoo

Sur le mont Torikama, dans la province d'Izumo, la divinité de la tempête Susano-o a été expulsée du ciel et forcée de descendre sur Terre. Ashinazuchi et Tenazuchi, un vieux couple de dieux, sanglotaient en présence des anciens des dieux. Lorsque Susanoo leur demanda la source de leurs larmes, ils révélèrent qu'ils avaient autrefois huit filles, mais que Yamata no Orochi, le serpent à huit têtes et à huit queues, exigeait le sacrifice d'une seule fille chaque année. Kushinada-hime était leur huitième et dernière fille. Yamata no Orochi allait bientôt exiger un sacrifice.

En récompense de la mort de la bête, Susanoo offrit la main de Kushinada hime en mariage au frère aîné d'Amaterasu. Le plan de Susanoo pour combattre le serpent fut approuvé par le vieux couple, il le mit donc à exécution.

Après avoir transformé le Kushinada hime, Susanoo l'a utilisé pour se coiffer. Avant longtemps, Ashinazuchi et Tenazawi avaient construit une clôture à huit portes pour lui. Chaque porte avait une plate-forme surélevée, et chaque plate-forme était surmontée d'une cuve. Chaque cuve était remplie à ras bord d'un saké exceptionnellement puissant. Tout le monde attendait l'arrivée du serpent lorsque tout cela serait terminé.

Il s'est glissé dans la clôture quand Yamata no Orochi est arrivé et a reconnu le puissant saké. Il a siroté l'alcool des cuves avec ses huit têtes. Le monstre s'est rapidement évanoui à cause de l'ivresse et s'est endormi. C'est alors que Susanoo a lancé son attaque. Avec son épée, il a taillé en pièces la bête massive. L'effusion de sang était si importante que la rivière Hi était rouge. La lame de Susanoo s'est brisée en morceaux lorsqu'elle a atteint la quatrième queue de la créature. Pour se racheter de sa trahison, l'Ame-no-Murakumo-no Tsurugi (littéralement, " épée des nuages collecteurs du ciel ") fut donnée à Amaterasu par Yamata no Orochi et trouvée par Susanoo dans le corps de la créature.

Amaterasu

Après avoir tenté de libérer sa femme du royaume des morts, Izanagi a créé trois kami : Amaterasu. Amaterasu est née de son œil gauche, Tsukuyomi de son œil droit et Susanoo de son nez alors qu'il se baignait. Izanagi et Izanami eurent de nombreux autres enfants issus de leur rite de mariage, dont les principaux frères et sœurs d'Amaterasu.

Bien que les parents biologiques des enfants d'Amaterasu restent un mystère, il est généralement admis qu'elle les a eus avec Tsukuyomi. Lorsque Ninigi a été remis au Japon par Amaterasu, l'arrière-petit-fils de Ninigi, Jimmu, allait devenir le premier empereur du Japon (r. 660-585). Par conséquent, la lignée de la famille impériale peut être retracée jusqu'à Amaterasu du 7e siècle à nos jours.

Lorsque les dieux de la création, Izanagi-no-Mikoto, et Izanami-no- Mikoto, ont émergé de la nuit des temps, ils étaient à la fois homme et femme. L'erreur d'Izanami les obligea à répéter un rite de mariage qu'ils avaient mis au point pour combler un trou béant dans leur vie. Cette deuxième tentative réussie a donné naissance à un grand nombre de kami, des entités surnaturelles qui symbolisent l'environnement naturel et les îles du Japon sous leurs nombreuses

formes. Izanami fut finalement tuée par la dernière de ces créatures, le feu.

La naissance d'Amaterasu

Izanagi se dirigea vers Yomi, ou "le royaume lugubre des morts", au milieu de son angoisse. Après une longue recherche, il retrouva sa femme, mais fut horrifié en voyant sa chair en décomposition, remplie d'oni et d'autres démons. Un Izanami furieux le poursuivit à travers les portes de la mort, dans l'espoir de l'atteindre, mais il réussit à faire claquer un rocher sur son chemin. Selon elle, tant qu'Izanami serait laissée tranquille, elle tuerait mille personnes par jour pour le reste de sa vie. Il a dit qu'il générerait cinq cents vies de plus qu'elle ne pourrait en détruire chaque jour, assurant ainsi la survie de la race humaine.

Izanagi était dégoûté par la puanteur de la mort qui l'entourait, alors il chercha une piscine d'eau propre à proximité et prit un bain. Une Amaterasu pleinement développée et rayonnante de soleil est apparue lorsqu'il a nettoyé son œil gauche. La lune Tsukuyomi, qui reflétait l'éclat de sa sœur, apparut lorsqu'il essuya son œil droit. Susanoo, la divinité de la tempête et seigneur des eaux, lui apparut alors qu'il s'essuyait le nez. En tant que sbires d'Amaterasu, ces trois Izanagi étaient chargés de gouverner le ciel.

Le jour et la nuit

Amaterasu épousa son frère Tsukuyomi, et ils gouvernèrent le jour et la nuit comme un couple marié, conformément au cours naturel des événements. Tsukuyomi eut des enfants de ce mariage, mais elle n'avait pas la personnalité naturellement rayonnante d'Amaterasu. Il n'était guère plus qu'un éclat de sa luminosité. Les vraies couleurs de Tsukuyomi furent finalement exposées au cours du dîner, lorsque la déesse Uke Mochi fournit une corne d'abondance à partir de laquelle la nourriture pouvait être cultivée. Après avoir craché du poisson et du gibier dans l'océan et les arbres, elle commence à manger son propre rectum. Tsukuyomi est furieux contre elle et la tue sur le champ.

En raison du mécontentement de son mari, Amaterasu l'exila. En conséquence, la lumière et l'obscurité furent séparées pour toujours.

Amaterasu et la grotte

Bien que les trois enfants d'Izanagi se soient vu confier la responsabilité de contrôler le ciel, c'est Amaterasu qui avait la plus grande prétention car elle était l'aînée d'Izanagi. Susanoo, l'enfant du milieu, détestait et remettait publiquement en question la prétention de sa sœur aînée à régner sur lui. Izanagi finit par bannir Susanoo à cause de son arrogance.

Susanoo est allé faire ses adieux à sa soeur avant de partir. Quand Amaterasu a mis en doute ses motivations, Susanoo l'a mis au défi de montrer son honnêteté. Susanoo commença le défi en volant les bijoux et l'épée d'Amaterasu. La Lame Céleste donna naissance à trois déesses pour Amaterasu, tandis que le Grand Joyau donna naissance à cinq dieux pour Susanoo. Amaterasu revendiqua la victoire puisqu'elle tenait le Grand Joyau, et de nouveaux dieux en naquirent.

Suite à l'indignation de Susanoo, elle s'est déchaînée, détruisant la majeure partie de l'univers. Jetant des cadavres d'animaux partout et lançant un poney sur son métier à tisser, il démolit les rizières d'Amaterasu et massacre des animaux. Amaterasu, déjà enragée, fut encore plus furieuse lorsque l'un de ses assistants personnels fut tué au cours de ce carnage. Effrayée par les conséquences de ses actes, elle se réfugia dans la grotte de la Roche Céleste, aujourd'hui connue sous le nom d'Ama-no-Iwato. C'était sombre et chaotique sans Amaterasu, qui s'était cachée. Pour un monde habitué à se prélasser au soleil, le premier hiver fut un défi.

Après avoir constaté la dévastation causée par l'absence d'Amaterasu, les kami décidèrent qu'il était temps de la ramener. Amaterasu a ignoré leurs supplications de revenir et a barré l'entrée de la grotte avec un rocher, malgré leurs descriptions de la destruction qu'elle avait causée. Pour la faire sortir de là, Omoikane décida que si elle ne sortait pas de son plein gré, ils devraient la tenter par curiosité. Une énorme fête a été organisée à la suite de cela.

La stratégie a fonctionné, car l'intérêt d'Amaterasu a été piqué par la musique, la danse et les cris de liesse des dieux. Lorsque Ame-no- Uzume, la déesse du matin, exécuta une danse particulièrement révélatrice, le vacarme devint encore plus fort. Alors qu'Amaterasu s'approchait de l'entrée de la grotte, elle aperçut un miroir octuple, qui éveilla son intérêt. Amaterasu arriva finalement à l'entrée de la

grotte, hypnotisée par la lueur de son propre reflet. Omoikane fit reculer la pierre qui bloquait l'entrée à ce moment-là.

C'est à ce moment que la lumière d'Amaterashi est revenue sur la Terre et a illuminé la confusion qu'elle avait laissée derrière elle. Enfin, le printemps et l'été arrivèrent au Japon, ramenant la vie dans le pays. Elle implora le pardon pour ses actes, qui la faisaient se sentir terriblement mal. Les actes de Susanoo étaient si répugnants qu'on lui accorda le don du pardon. Amaterasu fut accueillie au paradis une fois son exil enfin terminé. Finalement, son frère lui offrit la Lame Céleste après leurs retrouvailles.

La naissance de l'empire japonais

Le shogun Tokugawa Yoshinobu a été renversé par les partisans de Meiji le 3 janvier 1868, et l'Empire du Japon est né. Tant que le Japon est resté en guerre jusqu'à la ratification de la constitution d'après-guerre le 3 mai 1947, la maison impériale est restée officiellement en charge des affaires du Japon.

La restauration de l'ère Meiji.

Le couronnement de l'empereur enfant Mutsuhito, qui a adopté le nom de règne Meiji, ou "Règle éclairée", comme nom de règne, a marqué le début de la période de la restauration Meiji. Avec l'avènement de Meiji, le pouvoir exécutif central du Japon est passé du shogunat Tokugawa au trône. En raison de cette devise, les grands changements peuvent être perçus comme étant motivés par un désir de retour au passé. En réalité, la "restauration" a été

l'aboutissement d'une profonde transformation sociale et politique qui a commencé bien avant l'émergence de Meiji et a duré jusqu'à un peu avant le début du siècle dans l'ensemble du Japon.

Le dernier shogun.

L'arrivée des Occidentaux a donné une nouvelle dimension à la politique interne dans les années 1850. Le commodore Matthew C. Perry a conduit une force navale américaine dans le port défendu d'Uraga en juillet 1853. Même s'il a été prié de partir, Perry a insisté pour plaider auprès du gouvernement japonais en faveur de la normalisation des relations diplomatiques avec les États-Unis. Au retour de Perry l'année suivante, le shgun (en japonais : "généralissime soumettant les barbares") est incapable de défendre le Japon contre cette nouvelle vague de "barbares". Après les objections de la cour royale de Kyoto, les prétentions à l'autorité du shogun (loyauté et protection de la couronne) semblaient s'éroder, et des concessions leur furent accordées. L'antipathie de Kyoto a éclaté après la ratification des accords avec les pays occidentaux, notamment le traité de Kanagawa en 1854, le traité de Harris en 1858 et d'autres traités signés par le gouvernement japonais. "Révérez l'empereur !" peut-on lire sur la devise "Sonn Ji". D'abord soulevée par des personnes qui voulaient influencer la politique shogunale, puis reprise par d'autres qui voulaient déshonorer les Tokugawa, la phrase "Tuez tous les barbares !"

Ce n'est qu'avec la maison Tokugawa de Mito, qui avait tant fait pour développer l'éducation confucéenne, que la révolution a commencé. Nariaki Tokugawa de Mito a fait un effort concerté pour inclure Kyoto

dans les questions relatives au bakufu afin d'élaborer un programme de préparation nationale. Le chef du conseil des anciens d'Edo, tair Ii Naosuke, le met en résidence surveillée pour son audace (aujourd'hui Tokyo). L'assassinat de Ii par un groupe de partisans de Nariaki le 24 mars 1860 a ouvert la voie à des années de conflit. Par la suite, les combats entre clans rivaux et étrangers se sont multipliés, la plupart des participants étant des samouraïs en herbe qui débutaient dans les arts martiaux. Contre les armes occidentales, leurs épées étaient inefficaces, mais elles faisaient des ravages sur leurs adversaires politiques dans leur propre pays.

L'extrémisme a éclaté au cours des années suivantes. Les contrôles et les limites de la fréquentation de la cour d'Edo sont assouplis par le shogunat dans le but d'obtenir le soutien des feudataires et de les aider à préparer leurs défenses. Cela a eu pour conséquence de laisser plus de place aux intrigues et aux subterfuges. Dans tout le Japon, de jeunes samouraïs ont cherché à influencer leurs aînés féodaux pour qu'ils adoptent une attitude moins prudente et plus anti-étrangers. Cependant, il est rapidement apparu que l'expulsion des étrangers n'était pas envisageable. À la suite de chaque acte anti-étranger, l'emprise de l'Occident sur le pays se resserre. Après les bombardements de Kagoshima (1863) et de Shimonoseki (1864), la domination militaire occidentale aux yeux des Japonais est incontestable après la conclusion des guerres de l'opium en Chine. Par la suite, les sentiments anti-étrangers ont surtout été utilisés pour entraver et embarrasser le shogunat et ses dirigeants. Pour apaiser les factions anti-étrangers à Edo, les décideurs politiques ont été contraints de faire des concessions superficielles, mais cela n'a fait qu'attiser l'inimitié des partenaires occidentaux du traité. Il n'a

pas fallu longtemps pour que la Grande-Bretagne commence à se lasser de marchander avec un bakufu qui faisait obstacle à l'accès à la cour de Kyoto. Elle a commencé à réfléchir à la manière de traiter directement avec la source de l'autorité ultime, qui est considérée comme résidant dans ce bâtiment.

À l'extrême sud-ouest de Honshu, à Chōshū (qui fait maintenant partie de la préfecture de Yamaguchi), les samouraïs étaient prêts à passer à l'action. Ce groupe a pris le contrôle du conseil intérieur du daimyo de Chōshū en 1864 par un coup d'État militaire. Ils étaient tous d'anciens leaders du mouvement anti-étrangers. Ces gens avaient changé d'avis sur la xénophobie. Les Cinq de Ch'sh étaient un groupe d'étudiants qui sont allés étudier à l'University College de Londres en secret. Le futur premier ministre It Hirobumi et le futur genr ("homme d'État plus âgé") Inoue Kaoru faisaient partie des personnes présentes à la réunion. Le renversement et la formation d'une nouvelle administration avec l'Empereur à sa tête était leur objectif ultime. Ils ont formé des milices qui utilisaient des méthodes d'entraînement et des armes occidentales et qui comprenaient des samouraïs ainsi que des roturiers. Des samouraïs d'autres domaines se sont précipités à Chōshū, et le fief est devenu un point de convergence de l'opposition anti-Tokugawa au Japon. En 1866, Chōshū s'unit à Satsuma, le domaine féodal le plus puissant de Kyushu, craignant que le shogun ne cherche à solliciter l'aide de la France afin de construire un gouvernement totalitaire centralisé.

Le shogunat Tokugawa tente de vaincre Chōshū en 1866 avec une armée massive, mais le daimyo d'Hiroshima, le domaine qui devait être la région d'étape de l'invasion, s'oppose publiquement au shogun et refuse d'engager des troupes. L'expédition punitive des

Tokugawa fut un échec total. Mais les rebelles de Chōshū ont montré que les armes et les tactiques occidentales étaient supérieures malgré leur nombre écrasant, et ils ont humilié le shogunat. La famille Tokugawa put sauver la face en négociant une paix avec Chōshū à la mort du jeune shogun Iemochi en août 1866, mais la réputation du shogunat était déjà entachée.

Tokugawa Yoshinobu, le fils aîné du shogunat, devient Tokugawa Keiki, le fils aîné de Hitotsubashi Nariaki. Il était évident pour Yoshinobu qu'il se trouvait dans une situation vulnérable et que le pays devait s'unir contre l'Occident. Il rejette le conseil de ses conseillers de demander l'aide des Français pour mettre fin au soulèvement. Yoshinobu a accepté de démissionner lorsque le souverain du territoire de Tosa le lui a demandé. Pour lui, il était évident que toute attaque contre Chōshū et Satsuma serait futile, et dans tout nouveau système politique, le seigneur du Japon oriental apparaîtrait comme un acteur important.

Cependant, les adversaires du précédent shogun ne se laisseront pas dissuader aussi facilement. Meiji, l'empereur nouvellement couronné en 1867, demanda conseil à de nombreux seigneurs qui avaient des liens étroits avec les dirigeants de Chushu et de Satsuma. Ils l'ont conseillé. En conséquence, Yoshinobu fut contraint de choisir entre abandonner son territoire, ce qui le délégitimerait auprès de ses sbires, ou paraître récalcitrant, ce qui justifierait une punition. Yoshinobu a lancé une attaque sur Kyoto, mais a été vaincu. Il n'y avait pas d'autre option. L'armée impériale, composée de soldats de Satsuma, Chōshū et Tosa, marcha sur Edo et ne rencontra aucune résistance. Les forces des Tokugawa se sont battues jusqu'à l'été 1869 dans le nord, mais la guerre était perdue.

Lorsque l'empereur Meiji a restauré le gouvernement impérial en janvier 1868, tous les grands seigneurs du Japon se sont réunis pour entendre l'annonce. Cette année-là, Tokyo a été appelée Edo, et la construction de l'État moderne a commencé.

La montée en puissance du Japon moderne

L'administration Meiji a commencé sans programme politique clairement énoncé, bien que ses objectifs soient assez évidents. Satsuma, Chōshū et les élites de la cour qui étaient sorties victorieuses de la lutte avec le shogun contrôlaient le groupe dirigeant. Un gouvernement national unifié était vital pour rivaliser avec l'Occident en termes de ressources militaires et matérielles. Les plus éminents d'entre eux étaient Kido Takayoshi et Itō Hirobumi de Chōshū, ainsi que Saigō Takamori et Ōkubo Toshimichi de Satsuma. Les jeunes samouraïs de faible statut social n'ont guère tenté de protéger la suprématie de la caste des guerriers. Sept siècles de société dominée par les samouraïs allaient être mis à mal par leurs politiques. Itagaki Taisuke et Got Shjiro de Tosa, Kuma Shigenobu de Saga et Yuri Kimimasa d'Echizen [aujourd'hui dans la préfecture de Fukui] faisaient partie des chefs de fiefs avec lesquels l'administration Meiji avait coopéré, et ils ont poursuivi leur collaboration avec des nobles de la cour comme Iwakura Tomomi et Sanj Sanetomi. Pour que le train de réformes soit mis en œuvre, le jeune empereur devait donner sa bénédiction.

Les réformateurs de l'ère Meiji pensaient que la puissance de l'Occident provenait du constitutionnalisme, qui favorisait l'unité nationale, de l'industrialisation, qui apportait une force matérielle, et

de la puissance militaire. "Fukoku kyhei" ("Pays riche, armée puissante") devint la nouvelle devise de la campagne. Pour le Japon, les informations en provenance de l'Occident sont nécessaires s'il veut remettre en cause les accords injustes auxquels il a été contraint de se soumettre. Par conséquent, un certain nombre d'expéditions d'enquête ont été commandées. Un long voyage en Europe et aux États-Unis est mené par Iwakura Tomomi en 1871. Le fait d'avoir passé du temps à l'étranger a renforcé leur conviction que le pays était sur la voie du développement.

La fin du féodalisme

De l'avis des autorités de Meiji, bon nombre des maux du Japon étaient dus au système féodal du pays. Au début, les daimyos de Satsuma, Chushyo, Tosa et Saga étaient réticents à céder leurs biens, mais ils ont été convaincus de le faire en 1869, et d'autres seigneurs leur ont rapidement emboîté le pas. La cour décida de désigner les anciens seigneurs comme nouveaux gouverneurs des fiefs. Les Tokugawa avaient été vaincus lors de la guerre de 1871, et le gouvernement était prêt à passer à la phase suivante. La ville de Tokyo a été appelée, et l'abolition du féodalisme a été prononcée. Un tiers des presque 300 fiefs qui avaient existé ont été réduits à 72 préfectures et trois districts urbains au cours des années suivantes. Presque tous les daimyo ont été évincés de la nouvelle administration. Sur le plan politique, ils ont eu peu d'impact, bien qu'ils aient reçu des titres dans la pairie de style européen de 1884.

La structure complexe de stratification sociale du féodalisme a nécessité une série de mesures pour l'éliminer. Les seigneurs féodaux pouvaient se voir accorder des titres et d'assez bonnes pensions, mais les arrangements pour les samouraïs, qui étaient environ deux millions avec des personnes à charge, étaient beaucoup plus problématiques. Dès 1869, des lois ont été adoptées pour abolir l'ancien système de stratification sociale et en créer un nouveau basé sur l'aristocratie (kazoku) pour la noblesse et les seigneurs féodaux, ainsi que sur le shizoku pour les samouraïs, le sotsuzoku pour le reste des samouraïs (bientôt aboli) et le heimin pour tous les autres, y compris les groupes de parias non répertoriés auparavant. Les samouraïs ont reçu des pensions égales à une partie de leurs revenus antérieurs en raison de la perte de leur rôle administratif.

Les pensions ont été converties en obligations portant intérêt mais non convertibles lorsque le gouvernement a découvert qu'elles étaient trop lourdes à supporter pour son trésor public. Des lois ont été adoptées à la même époque pour décourager la coupe de cheveux unique des samouraïs, et le port de l'épée, symbole de classe, a finalement été interdit.

Même s'ils n'étaient pas perdus, l'inflation qui a suivi les dépenses du gouvernement a gravement réduit la valeur des pensions et des obligations que les troupes recevaient. Les samouraïs n'avaient plus le monopole traditionnel du service militaire avec l'introduction de la conscription dans tout le pays en 1873. Plusieurs révoltes ont été déclenchées par le mécontentement de la caste des anciens guerriers. Les plus graves se sont concentrées dans le sud-ouest, où l'effort de restauration a commencé et où les combattants avaient historiquement le plus de raisons d'espérer les plus grandes

récompenses. Les procédures administratives ont retiré aux samouraïs leur statut social et économique, tandis qu'à Saga, un groupe de rebelles a fait pression pour que la guerre étrangère leur permette d'être employés comme samouraïs.

Satsuma fut le théâtre du dernier et plus important soulèvement de 1877. Saig Takamori, un héros de la restauration, fut chargé de l'opération militaire contre les Tokugawa, qu'il dirigea. Afin de réprimer la rébellion, le gouvernement a recruté d'anciens samouraïs et a vidé ses collèges militaires lorsque les nouveaux leviers de conscription ont d'abord eu du mal à combattre Saig. Il est heureux pour l'administration que les soulèvements aient révélé des mécontentements régionaux et n'aient jamais été coordonnés. Cependant, dans la rébellion de Satsuma, les hommes de Satsuma au sein du gouvernement central étaient toujours dévoués à la cause de Meiji. Ainsi, les rebelles n'ont pu obtenir qu'une partie du soutien qu'ils attendaient.

L'expropriation et la destruction des principautés féodales ont permis l'établissement d'un impôt national prévisible et régulier, qui a éliminé le système foncier précédent. Sur la base de la production annuelle moyenne de riz, les enquêtes foncières ont commencé en 1873 et se sont poursuivies jusqu'en 1876. Trois pour cent de cette valeur ont servi de base à l'impôt. Les agriculteurs ont reçu des certificats de propriété foncière à la suite de ces mêmes enquêtes, ce qui les a libérés des restrictions féodales concernant le choix de leurs cultures et le droit de migrer ou de changer de profession. La mise en œuvre des réformes foncières s'étant étalée sur une longue période, les agriculteurs ont éprouvé une grande appréhension, qui s'est fréquemment exprimée par des révoltes et des manifestations.

L'émergence de la propriété privée, ainsi que les efforts actifs du régime pour promouvoir les nouvelles technologies, les engrais et les semences, ont rapidement entraîné une augmentation de la production agricole. Pendant de nombreuses décennies, les impôts fonciers ont été la principale source de revenus du gouvernement.

Bien que le gouvernement ait du mal à s'acquitter de ses responsabilités financières, telles que les pensions et les dépenses administratives, il a commencé à travailler sur un programme d'industrialisation considéré comme essentiel pour l'avenir du pays. Cependant, il a été réalisé par des entreprises privées malgré les subventions et les encouragements du gouvernement, à l'exception des secteurs militaires et des communications stratégiques. L'extension de l'État de droit et la croissance du marché intérieur ont stimulé le commerce et l'industrie. Les négociants japonais ont également pu vendre sur les marchés mondiaux sans être confrontés à une concurrence importante des négociants asiatiques en raison du chaos qui régnait en Chine.

Dans les années 1880, les inquiétudes liées à l'inflation ont conduit à la décision de vendre la plupart des nouvelles installations à des investisseurs privés, ce qui a entraîné un changement dans le soutien du gouvernement aux usines pilotes et aux stations expérimentales. Les personnes ayant un lien étroit avec les dirigeants du gouvernement avaient tendance à faire partie de cette catégorie. Le zaibatsu (japonais : "clique de riches") était le nom donné au petit groupe de personnes qui dominait ainsi de nombreuses entreprises. Ces entreprises étaient en mesure de profiter d'un large éventail de possibilités et de peu de rivaux dans le secteur du Japon. Les liens d'amitié entre elles et les chefs de

gouvernement étaient généralement étroits en raison de leurs objectifs communs. Plusieurs politiciens de Meiji avaient des liens étroits avec Mitsui, tandis qu'Iwasaki Yataro, le samouraï de Tosa qui a créé Mitsubishi, était un proche allié des dirigeants de la restauration.

Forger une identité nationale

L'abolition des allégeances féodales au profit des allégeances nationales a jeté les bases de l'État japonais contemporain. Les classes féodales avaient déjà été abolies, mais une véritable unité nationale nécessitait la diffusion de nouvelles loyautés au sein d'un peuple autrefois sans pouvoir. La renaissance shint, qui a balayé le Japon dans la seconde moitié du 19e siècle, a eu un impact significatif sur le régime de la première restauration. Dans un effort pour remplacer le bouddhisme par un culte fort des divinités nationales, les croyances Shint ont été promues. En 1873, la mission Iwakura a rapporté d'Europe que la légalisation du christianisme aiderait l'administration Meiji à gagner les faveurs de l'Occident. Les points de vue traditionnels ont été renforcés sans donner l'impression qu'une religion d'État pro-régime avait été imposée au peuple japonais dans les années qui ont suivi, à des fins d'orientation idéologique ; le système éducatif en était le véhicule approprié.

Le décret de 1872 sur le système éducatif, ou Gakusei (en japonais : "étudiant"), a établi un cadre national pour l'éducation universelle. Au début, il s'agissait d'une petite organisation dont l'idéologie et la structure étaient influencées par l'Occident. Les années 1880 ont vu la montée des idéaux occidentaux et des écoles nationalistes en Europe, ce qui a conduit à repenser l'éducation en Chine. En conséquence, le système japonais a été modifié pour mettre l'accent sur l'"éthique". Les philosophies confucéenne et shint ont été décrites dans un édit impérial sur l'éducation publié en 1890, jetant les bases du futur cadre moral de l'éducation japonaise. L'orthodoxie confucéenne et le respect Shint ont renforcé l'autorité de l'empereur, faisant de l'allégeance à l'empereur le centre de la philosophie publique. En outre, l'État a tenté de souligner que ce culte séculier n'était pas une véritable "religion" afin d'éviter les accusations de lavage de cerveau. Ainsi, le gouvernement pouvait autoriser la "liberté religieuse" tout en obligeant tous les sujets japonais à participer à une sorte de culte par obligation patriotique. Il a également été utilisé pour soutenir et transmettre le concept de loyauté des samouraïs, vestige de la classe dirigeante, par le biais d'un système unifié d'instruction publique.

Le mouvement constitutionnel

Les responsables japonais ont voulu rattraper le reste du monde à cet égard à la fin de la période Tokugawa, lorsque les constitutions étaient largement considérées comme un facteur important de la puissance des pays occidentaux. En 1868, le gouvernement a tenté d'introduire une chambre à deux chambres, mais cette tentative a

été jugée inefficace. Le serment de la Charte du 6 avril 1868 stipulait toutefois que le gouvernement rechercherait la connaissance et la sagesse du monde entier, abandonnerait les "mauvaises habitudes du passé", laisserait tous les sujets atteindre leurs objectifs appropriés et ferait ses choix gouvernementaux en fonction d'un large éventail d'opinions publiques.

Ces déclarations d'intention ont été complétées par une opposition de fond en comble. Les désaccords sur les politiques gouvernementales dans les affaires intérieures et extérieures ont déclenché le mouvement démocratique. L'année 1873 a vu la fusion de la faction Tosa, dirigée par Itagaki Taisuke, Got Shjir et d'autres, avec le fief Saga, dirigé par Eto Shimpei et d'autres. Ils ont démissionné parce que leurs appels à une expédition punitive contre la Corée ont été rejetés parce que des changements intérieurs devaient d'abord se produire. Saig Takamori, qui s'était retiré à Satsuma avant de lancer la rébellion de Satsuma en 1877 à la suite du même désaccord, avait perdu ses services auprès du gouvernement. Itagaki et ses alliés ont organisé une assemblée publique au lieu de préconiser l'ancien système, afin que le choix futur représente le désir du peuple (qu'ils ont d'abord compris comme signifiant leurs compagnons samouraïs) et préserve ainsi l'unité. Ils ont réussi. Eto Shimpei fut tué en 1874 après avoir mené un groupe de partisans de Saga en insurrection. Le Parti libéral (Jiyt) a été créé en 1881 lorsque Itagaki et ses partisans de Tosa se sont organisés en groupes de discussion et, au fur et à mesure que leur confiance et leurs compétences politiques augmentaient, ils sont devenus une force politique nationale. À l'époque, le mouvement avait une base sociale et géographique limitée, et ses objectifs

étaient de favoriser l'unité nationale pratique plutôt que la tolérance pour la variété et la dissidence.

Un autre parti politique est entré dans la course en raison des dissensions croissantes au sein du groupe de dirigeants qui s'amenuisait. Pour éviter l'examen de ses pairs, le dirigeant de Saga, Kuma Shigenobu, qui avait soutenu le parti de la paix en 1873, a publié une réponse libérale au lieu de la soumettre en 1881 lorsque les autres dirigeants de Meiji ont été invités à donner leur position sur les questions constitutionnelles. Après avoir accompli cette tâche, il a découvert des preuves choquantes de corruption dans la vente des biens du gouvernement d'Hokkaido. Le parti progressiste (Kaishint) a été fondé par Kuma après son expulsion du gouvernement en 1882. Les anciens samouraïs et chefs de village ont soutenu le parti libéral d'Itagaki, en grande partie parce qu'ils désapprouvaient la politique fiscale du gouvernement. Le soutien des chefs d'entreprise et des journalistes a aidé le nouveau parti de Kuma à gagner du terrain dans les zones métropolitaines.

Une promesse de l'empereur selon laquelle une constitution serait promulguée en 1889 est contestée par l'administration, qui est piquée par la défection de Kuma et incite la population à attendre les choix impériaux en silence. Un comité secret dirigé par Ito Hirobumi rédigea la constitution. Les efforts du gouvernement pour juguler l'inflation dans les années 1870 coïncident avec l'époque de la rédaction de la constitution. Les politiques du ministre des Finances Matsukata Masayoshi ont été couronnées de succès à cet égard, mais elles ont entraîné des souffrances dans les zones rurales et créé un environnement propice aux troubles politiques et aux effusions de sang. Les partis ont été brièvement dissous en 1884, le

gouvernement ayant répondu par la répression, notamment par le contrôle de la police et de la presse. En Europe, Itagaki et Goto étaient persuadés qu'une voix nationale unifiée était nécessaire pour faire face à l'Occident.

Lors d'un autre voyage en Europe, il s'est inspiré de modèles occidentaux pour la nouvelle constitution. En ce qui concerne l'autorité impériale et les structures constitutionnelles, il a estimé que l'Empire allemand présentait le bon mélange. Plusieurs juristes allemands ont aidé It et son groupe car la méthode d'Otto von Bismarck semblait offrir les commodités contemporaines sans compromettre l'efficacité de la gestion. En 1884, il forme une nouvelle pairie de style européen pour faire contrepoids à la domination d'une assemblée élue publiquement. Une Chambre des pairs a été créée pour les anciens daimyos, les fonctionnaires du gouvernement et le personnel militaire, qui ont reçu des titres de noblesse et ont été formés pour devenir membres. En 1885, un système de cabinet a été mis en place et, en 1888, un conseil privé a été créé pour protéger la constitution. Pour être président du conseil, il a quitté son poste de premier ministre.

En 1889, la Constitution Meiji a été ratifiée par le Parlement japonais. La première Diète, qui s'est réunie pour la première fois en 1890, a été inaugurée par l'organisation d'élections pour la chambre basse. La Constitution a été remise à l'empereur en cadeau et ne pouvait être modifiée qu'à sa demande. Sauf disposition contraire de la législation, les dispositions de la constitution étaient plus génériques que spécifiques. Si la Diète refuse d'approuver un budget, le budget de l'année précédente est utilisé, comme c'était le cas dans le système prussien. À tout moment, il avait la possibilité

de déclarer la guerre ou la paix, ainsi que de dissoudre la chambre basse. L'Empereur était "saint et inviolable". L'administration, qui pouvait prétendre refléter la volonté impériale, était essentiellement chargée des affaires politiques. Lorsque le Rescrit impérial sur l'éducation a été publié en 1890, il visait à garantir que les générations futures accepteraient sans contestation la volonté et le pouvoir impériaux.

Contrairement à la croyance populaire, la Constitution Meiji a fait plus que toute autre constitution antérieure pour étendre la liberté d'expression au Japon. C'est la chambre basse qui avait le droit de commencer à légiférer, la propriété privée était protégée et les libertés soumises à la loi valaient mieux que l'absence totale de libertés. La Diète doit approuver toute augmentation du financement militaire en raison des contraintes budgétaires. Au début, l'électorat était limité à environ 500 000 personnes en raison de la qualification fiscale de 15 yens. En 1900, puis en 1920, cette exigence a été supprimée et, en 1925, le suffrage masculin sans restriction a été établi. Avec leur pouvoir de dissoudre la chambre basse, ainsi que leurs ressources en matière de coercition, les dirigeants du gouvernement n'ont pas été en mesure de la dominer et de la manipuler, malgré leur capacité à le faire. Pour mettre en évidence la mesure dans laquelle les oligarchies Meiji et les chefs de parti étaient d'accord sur de nombreuses questions, la coopération des chefs de parti avec leurs anciens adversaires lorsqu'ils bénéficiaient d'un niveau décent de statut et de patronage était un bon indicateur.

La restauration et la révolution Meiji se sont achevées avec la ratification de la constitution. Ils se sont ensuite efforcés de préserver et de sauvegarder l'équilibre des institutions idéologiques

et politiques qu'ils avaient élaborées avant de se retirer en coulisses pour influencer le monde politique en tant que genr ("vieux hommes d'État").

Le Japon de l'empereur Hirohito

Sujets liés aux relations internationales

Le gouvernement japonais s'est fixé pour objectif d'établir la parité avec les États-Unis et l'Europe après avoir achevé les réformes internes. Depuis le début de l'ère Meiji, il s'agit d'une priorité essentielle. À la fin de l'ère Tokugawa, les traités imposés au Japon ont été modifiés. Dès la mission Iwakura de 1871, les envoyés japonais ont cherché à réformer les avantages de l'extraterritorialité dont bénéficient les étrangers dans les domaines de la justice et de l'économie. En conséquence, les nations occidentales ont refusé d'envisager de modifier les traités à moins que les systèmes juridiques japonais ne soient mis en accord avec ceux de l'Europe et des États-Unis. Dans les années 1880, un fanatique nationaliste a lancé une bombe sur le ministre des affaires étrangères Kuma, le tuant presque, alors que les Japonais tentaient de trouver des compromis avec le reste du monde. L'extraterritorialité a été légalement modifiée en 1894, après l'achèvement des changements institutionnels de l'ère Meiji. Pendant l'ère Meiji, l'autonomie tarifaire a été établie en 1911.

Expansion au Japon

Au cours de l'ère Meiji, les autorités japonaises ont privilégié une approche prudente des affaires étrangères, faisant passer les

questions intérieures avant les préoccupations asiatiques. Même les partisans d'une position militaire plus agressive affirmaient que les exploits à l'étranger offriraient un exutoire aux énergies des samouraïs et un point de convergence pour l'unification du Japon. Bien qu'il ait perdu certains de ses fonctionnaires les plus populaires, le gouvernement a surmonté les pressions exercées pour adopter cette approche lors du débat sur la Corée de 1873. Dès l'année suivante, une expédition est organisée pour s'emparer de Formose (aujourd'hui Taïwan) pour se venger du massacre des pêcheurs ryukyuans. Le fait que le clan Satsuma ait régné sur les îles Ryukyu sous le règne de Tokugawa a renforcé les revendications japonaises sur ces îles. Malgré l'opposition chinoise, le Japon a annexé les îles en 1879.

CHAPITRE 2

LES DIVINITÉS (KAMI)

Jizo

Un bodhisattva japonais aimant nommé Jizo s'est engagé à ne pas entrer dans le Nirvana avant que toutes les autres âmes n'aient atteint l'illumination. Les femmes enceintes et les enfants qui meurent avant d'avoir atteint leur maturité lui tiennent à cœur.

Dans tout le bouddhisme Mahayana, Jizo est un bodhisattva important (figure bouddhiste vénérée sur la voie de l'illumination). Jizo, le bodhisattva ultime qui guide les âmes des enfants qui meurent avant leurs parents, est vénéré comme un défenseur des enfants et, en particulier, des enfants qui meurent avant leurs parents. Au Japon, il est reconnu pour ses nombreuses sculptures.

L'étymologie

Bouddha Jizo, également connu sous le nom d'"entrepôt de terre", est un aspect du bodhisattva Ksitigarbha, dont le nom signifie à la fois "Trésor de la terre" et "entrepôt de terre". Connu à l'origine sous

le nom de Ksitigarbha en sanskrit, le nom de famille de Jizo est dérivé du mot coréen "Jijang", qui est une traduction du mot chinois "Dizang". La signification de ces noms est la même, quelle que soit la façon dont ils sont prononcés. Ojizo-sama, ou "Grand Seigneur Jizo", est un autre nom qui lui est attribué.

Lorsqu'il s'agit des personnes qui sont encore prises dans le cycle sans fin de la naissance, de la mort et de la renaissance, Jizo est comme beaucoup d'autres bodhisattvas : compatissant et inquiet. Il a la particularité d'avoir fait le vœu de ne pas entrer au Nirvana avant que tous les enfers du bouddhisme n'aient été nettoyés et que chaque être ait atteint l'illumination. Essentiellement, il est le gardien de toutes les âmes dans leur voyage de renaissance.

Si une personne a foi en Jizo et se retrouve dans l'une des demeures de l'enfer, l'intercession de Jizo peut raccourcir son séjour. En conséquence, elle passe moins de temps à souffrir et est capable de passer plus rapidement à sa prochaine existence lorsqu'elle a une autre occasion d'atteindre l'illumination et d'arrêter le cycle de la réincarnation. Par conséquent, les bouddhistes Mahayana vénèrent Jizo comme l'un des quatre bodhisattvas les plus importants.

Une autre fonction cruciale est jouée par Jizo au Japon. Jizo est chargé de l'âme des enfants qui ne grandiront jamais. Les Mizuko, ou "enfants de l'eau", sont des enfants mort-nés, ayant fait une fausse couche ou avortés, ou qui meurent avant leurs parents pour quelque raison que ce soit. On les appelle les "bébés de l'eau".

La rivière mythologique de la préfecture d'Aomori, le Sanzu, dans la tradition bouddhiste japonaise, exige que les morts le traversent avec six pièces de monnaie avant de pouvoir être jugés et

réincarnés. Parce qu'elles n'ont pas vécu assez longtemps pour accumuler des actes bons ou mauvais, les personnes qui meurent dans leur enfance ne sont pas autorisées à traverser la rivière par le pont, selon la croyance traditionnelle.

Pour beaucoup de parents en deuil, le Jizo est un remède. Lorsque les démons commencent à manger les pierres, il en place trois les unes sur les autres pour les confondre. À ce moment-là, Jizo prend les "enfants des eaux" et les guide vers la sécurité en distrayant les démons.

Les parents qui ont perdu un enfant doivent faire la cérémonie du Mizuko kuyo, qui comprend la lecture de plusieurs sutras bouddhistes, afin de faciliter le décès (écritures). Selon le temps écoulé depuis le décès, cette cérémonie peut être répétée plusieurs fois. Acheter une statue de Jizo et être présent lors de sa bénédiction est une façon courante d'accomplir ce rite.

Le Jizo est le plus souvent représenté sous forme de statues. Il ressemble à un moine bouddhiste classique, chauve, souriant et arborant les oreilles allongées des êtres éclairés. Avec son bâton et sa "pierre à souhaits", il cache également des jeunes sous sa cape ondulante et s'en sert pour exaucer leurs désirs. Jizo utilise le bâton pour déverrouiller les portes de l'enfer et la pierre à souhaits pour réaliser les souhaits de ses fidèles.

Sa cape peut être peinte en cramoisi ou en tissu, mais elle fait le plus souvent partie de la statue dans son ensemble. Les sculptures de Jizo, généralement en pierre, peuvent être vues dans tout le Japon, que ce soit dans les cimetières, sur les autoroutes ou dans

les temples. L'un des emblèmes les plus connus et les moins connus de la spiritualité japonaise est le tatami.

Par conséquent, si les sculptures de Jizo sont la représentation la plus courante de Jizo, d'autres images traditionnelles le montrent comme un moine avec des robes larges et flottantes, souvent couvertes de sutra. Dans la majorité des représentations, on le voit avec un bâton et une pierre à souhaits.

Jizo avait un rôle particulier dans le panthéon bouddhiste et la religion populaire japonaise dans les temps anciens en raison du taux élevé de mortalité infantile dans le monde pré-moderne. Même s'il est le plus souvent associé aux défunts, Jizo est un bienfaiteur essentiel pour les voyageurs. Dans le Japon d'aujourd'hui, les voyageurs prient encore Jizo de les protéger et de leur porter chance lorsqu'ils partent en voyage.

Jizo est un bodhisattva omniprésent dans la plupart des temples Mahayana ou dérivés du Mahayana, et de nombreux temples lui sont dédiés. Le temple Jomyoin, situé près de la gare d'Ueno, l'une des plus importantes gares de banlieue du Japon, est l'un des plus connus. Le mont Jiuhua, où il est enterré, est un lieu saint pour les pèlerins bouddhistes en Chine comme au Japon.

Raijin et Fujin

Raijin et Fujin sont des divinités vénérées et redoutées au Japon. Ils sont les dieux de la foudre et des tempêtes dans un pays en proie aux typhons, deux phénomènes météorologiques catastrophiques.

Raijin : le dieu japonais de la foudre.

En tant que divinité du tonnerre et de la foudre, il est également connu sous le nom de Kaminari-Sama et Raiden-sama au Japon. Les Japonais vénèrent cette divinité comme une source de grande terreur. À l'approche d'un typhon, les anciens du Japon encouragent souvent les jeunes à cacher leur nombril car Raijin pourrait les dévorer !

Souvent, il est représenté avec une grimace sur le visage qui laisse transparaître toute sa rage. Il manie des marteaux comme la divinité nordique Thor, et en frappant les tambours, il crée des éclairs.

On voit presque souvent ses mains avec seulement trois doigts sur chacune. Comme un symbole du temps, chaque doigt représente une période différente. Son apparence démoniaque est accentuée par la couleur de sa peau.

Les agriculteurs les plus dévoués prient Raijin pour obtenir la pluie et le tonnerre pendant les saisons les plus sèches. Au Japon, le tonnerre a la réputation de fertiliser le riz en plus des précipitations. Les gens croient que les éclairs apporteront de bonnes récoltes dans les champs.

Les origines de Raijin

Comme de nombreux autres dieux japonais, Raijin est né d'Izanagi et d'Izanami, qui étaient tous deux des divinités à part entière. Amaterasu et Susanoo sont parmi les autres divinités japonaises auxquelles il est apparenté. Lorsque Kagutsuchi, la divinité du feu, lui donne naissance en tant que frère ou sœur, sa mère meurt.

Lorsque le Japon n'était encore qu'en formation, Raijin a été conçu à partir des restes calcinés d'Izanami dans le monde souterrain. Sa mère l'aurait plus tard incité à ramener Izanagi, son père, des enfers après avoir laissé son cadavre derrière lui.

Raijin a été enlevé par un certain Sugaru, qui avait reçu l'ordre de l'empereur d'arrêter les pluies. La divinité Kannon l'aurait aidé à accomplir ce noble exploit.

Fujin: le dieu japonais du vent.

Le dieu du vent Fujin (parfois orthographié Futen) est vénéré au Japon. Il est souvent représenté tenant un sac rempli des bourrasques qu'il disperse. La peau de léopard sur son costume et les cheveux ébouriffés qu'il arbore en raison des rafales de vent qu'il fait sortir de son grand sac traduisent sa nature bestiale.

Fujin, contrairement à Raijin, a quatre doigts à chaque main. Les points cardinaux sont représentés par chacun d'eux.

La garde divine du Japon

Les Japonais considèrent cette divinité avec une grande vénération en raison des typhons qu'elle crée. Cependant, les Japonais considèrent Fujin comme plus qu'une divinité dangereuse, ils le considèrent comme un sauveteur.

Lors des invasions mongoles du Japon en 1274 et 1281, on dit qu'il a défendu le pays en prenant une part active au combat. Lorsque le plus grand empire de l'histoire a tenté de conquérir l'archipel japonais, il a été frappé à deux reprises par des tempêtes en mer.

Le peuple appelle cette intervention céleste "Kamikaze", le vent divin. Oui, vous avez bien lu. Ces attaques ont été surnommées "attaques suicides" par les forces spéciales japonaises après cet incident. Des sacrifices similaires sont encore désignés par cette expression aujourd'hui.

Une divinité qui a voyagé!

Bien que l'image de Fujin soit fréquemment utilisée par les organisations nationalistes japonaises, les origines de ce dieu se trouvent dans des lieux éloignés du Japon. Les villes situées le long de la route de la soie en Asie centrale qui pourraient avoir vu l'apparition de ce dieu sont énumérées ci-dessous.

James Stuart et Nicholas Revett ont gravé une statue athénienne de Borée au XVIIe siècle.

Boréas, la divinité du vent du nord dans la mythologie grecque, est en fait une représentation moderne de celui-ci. Au quatrième siècle avant Jésus-Christ, l'armée macédonienne d'Alexandre le Grand a emporté avec elle cette religion et de nombreuses autres croyances et traditions grecques. Pendant que la Macédoine régnait sur la Méditerranée orientale, la culture grecque s'épanouissait. En raison de ces influences occidentales sur l'art bouddhiste, de nombreuses statues de Bouddha présentent aujourd'hui une ressemblance avec Apollon.

S'il avait été incorporé à l'art gréco-bouddhique, Borée ne se serait pas arrêté dans les plaines arides d'Asie centrale, mais serait parti en Orient sous le nom de Wardo. L'arrivée du bouddhisme de Chine et de Corée a coïncidé avec l'arrivée du Wardo au Japon.

Culture du Japon: Raijin et Fujin

Raijin et Fujin sont fréquemment représentés ensemble dans l'art traditionnel japonais, malgré leur lutte acharnée pour la domination du ciel. En conséquence, le Japon abrite plusieurs chefs-d'œuvre qui peuvent encore être vus par les visiteurs.

La légende de la capture de Raijin

L'empereur a ordonné l'emprisonnement de Sugaru (l'attrapeur de dieu) et a envoyé Raijin afin d'arrêter une tempête, selon un autre récit sur le malfaiteur Raijin. D'abord, Sugaru supplie Raijin de se rendre librement et d'arrêter la tempête au nom de l'empereur, mais Raijin se moque de Sugaru. Sugaru prie Kannon, et Kannon dit à Raijin de laisser entrer Sugaru, puis elle lui livre Raijin plus tard. Sugaru le porte alors devant l'Empereur, où il est ligoté et placé dans un sac. Sugaru et l'Empereur contraignent Raijin à cesser ses ravages et à envoyer au contraire la pluie et des récoltes abondantes au Japon.

Les sept dieux de la fortune

Les sept dieux chanceux du Japon (Shichifukujin), un ensemble éclectique de divinités du Japon, de l'Inde et de la Chine, sont connus sous le nom de Shichifukujin. Quant au shintoïsme japonais, un seul est local au pays (Ebisu). Outre Daikokuten, Bishamonten et Benzaiten du panthéon hindou-bouddhiste de l'Inde, il en existe trois

autres de la tradition taoïste-bouddhiste chinoise, à savoir Hotei, Jurjin et Fukurokuju.

C'est la formation "artificielle" du groupe par le Japon, plutôt que les divinités elles-mêmes, qui les a réunies au XVIIe siècle. Le Japon moderne est inondé d'images des sept. Les Shichifukujin illustrent parfaitement la manière dont les trois grandes religions du Japon - le bouddhisme, le shinto et l'hindouisme - coexistent, s'influencent mutuellement et échangent même leurs divinités.

Un navire nommé Takarabune, dont on dit qu'il est rempli de trésors et qu'il vient de la mer, est la source de toute bonne fortune et richesse au Japon, selon le folklore. Une tradition veut que vous soyez de bon augure pour toute une nouvelle année si vous glissez une image de Shichifukujin sous votre oreiller le 31 décembre.

Ebisu

Dieu de la pêche, des navires et du commerce (également connu sous le nom de Yebisu), il est le seul dont les origines se trouvent au Japon. Ebisu est très apprécié des agriculteurs et des marins, car il est souvent représenté en tenue de cour ou en costume de chasse. Un cadeau ordinaire serait une canne à pêche dans sa main droite et une énorme daurade rouge dans son bras gauche. "Il est synonyme d'honnêteté.

Daikokuten

Dieu de la richesse et de la prospérité, Mahkla était à l'origine un dieu guerrier hindou qui a été transporté au Japon depuis l'Inde

pendant la dynastie Han. Un maillet magique perché au sommet de deux balles de riz est l'un des cadeaux les plus courants que les gens lui offrent, en plus de son sourire bien connu. Il est la personnification de la bonne fortune.

Benzaiten

Benzaiten (également connue sous le nom de Benten) est le seul membre féminin du Shichi Fukujin, et elle descend de la déesse hindoue de l'eau. Elle est représentée dans la mythologie japonaise comme la déesse des arts et des sciences. Son image la plus connue est celle d'une femme éblouissante jouant du biwa, un instrument à anche de style chinois. Elle incarne la vertu de la joie.

Bishamonten

Bishamonten, un dieu des guerriers (et non de la bataille), est également un dieu de la défense contre le mal dans le bouddhisme indien. La plupart du temps, il est représenté comme un héros tueur de démons qui se tient au-dessus d'un ou deux des démons qu'il a vaincus. Il porte une arme dans une main pour combattre le mal et soumettre ses adversaires. Un trésor, pagode ou stupa, est son signe distinctif le plus marquant. La dignité est ce qu'il incarne.

Fukurokuju

Selon la tradition taoïste et bouddhiste chinoise, Fukurokuju est le dieu de l'abondance, de la prospérité et de la longévité. Il est généralement représenté avec une longue barbe et une longue moustache, tenant un bâton de marche auquel est attaché un parchemin et portant la tenue traditionnelle des érudits chinois. Il est le seul des sept à pouvoir faire revenir les morts de leur tombe. La longévité est la vertu qu'il incarne.

Jurôjin

Souvent représenté comme un homme âgé avec une longue barbe blanche, il tient une canne à laquelle est attaché un parchemin. Beaucoup de gens le confondent avec Fukurokuju en raison de leurs apparences similaires. Cependant, un cerf noir suit habituellement Jurjin comme un messager et un signe de longue vie. La sagesse est la vertu qu'il incarne.

Hotei

Hotei (alias Budai) est le dieu du bonheur et de l'abondance dans la mythologie chinoise. On dit qu'il est modelé sur un ermite réel de Chine nommé Budaishi (m. 917). Moine bouddhiste, visage joyeux, ventre proéminent, sac et bâton en bois, généralement assis ou dormant dans son sac. Le "Bouddha rieur" le désigne en dehors du Japon. Il incarne la vertu du bonheur.

Amatsu-Mikaboshi

Parce qu'il (ou elle) n'apparaît dans aucune source de la mythologie est-asiatique, les caractéristiques et la caractérisation du Mikaboshi spécifique à l'Amatsu restent floues.

Les anciennes traditions japonaises révèlent que Mikaboshi n'est pas une divinité tangible comme Amaterasu ou Susanoo, mais plutôt une force obscure qui existait avant le cosmos et régnait seule dans l'obscurité et la domination totales. Cela s'est toutefois avéré faux puisque Mikaboshi était, en réalité, un éclat du Khaos primordial qui existait avant le cosmos et non le chaos lui-même.

Un Amatsu-Mikaboshi non géré peut entraîner des dommages sociaux, mentaux ou corporels s'il n'est pas maîtrisé. Amatsu- Mikaboshi En raison des résidus de Mikaboshi, la soif de réussite peut conduire une personne à devenir avide et luxurieuse. L'obsession ou la jalousie peuvent provenir des effets sombres de l'amour pour autrui. On pense que la force de Mikaboshi a attiré des démons et d'autres créatures de la variété sombre et démoniaque dans les générations suivantes.

Le pouvoir Amatsu de Mikaboshi s'exerçait sur les corps de ceux qui étaient morts en étant fortement liés et revenaient pour nuire aux vivants. Les oni, les Ama-no-Jaku et les démons étaient également le résultat de certains éléments naturels tombant sous les sollicitations de Mikaboshi. Afin de ramener le pouvoir statique et contrôlant de Mikaboshi, l'objectif ultime était censé être de tout détruire complètement en le dissolvant à nouveau dans le chaos.

L'apparition

Par conséquent, la véritable apparence de l'Amatsu-Mikaboshi reste un mystère, beaucoup croyant qu'il s'agit d'un liquide noir qui croît éternellement. On le voit le plus souvent sous la forme d'une silhouette humanoïde composée d'une épaisse fumée aux yeux cramoisis, ou d'un monstre élancé aux cheveux gris, doté de crocs acérés et de griffes gigantesques reliées à ses doigts.

Lorsqu'Amatsu-Mikaboshi prend forme humaine, il semble être une jolie femme aux longs cheveux noirs, au teint pâle et aux pupilles noires. Son physique est bien développé et svelte. Elle semble être habillée d'un uniforme scolaire noir, comme la plupart des femmes japonaises. Elle est connue pour apparaître en public alors qu'elle est vêtue d'un kimono traditionnel japonais. Malgré sa superbe apparence, son aura est immensément terrible, induisant la folie chez les personnes mentalement faibles, et même les anges tremblent devant sa présence effrayante et magnifique, le décrivant comme s'ils étaient "devant Khaos lui-même".

La personnalité

Les capacités et pouvoirs

En ce qui concerne le pouvoir, Mikaboshi en a beaucoup, rivalisant avec Chronos, voire le surpassant, et Calur lui- même affirme qu'il est peut-être le seul primordial qui soit le plus proche de Khaos, un peu comme Jésus l'est de Dieu.

Incarnation du vide : Le pouvoir de Mikaboshi est censé rivaliser avec celui de Jésus à son apogée en raison de son statut d'avatar de Khaos.

Cette caractéristique provient du fait qu'il est un avatar de Khaos, et qu'en tant que tel, il est capable d'engendrer une progéniture, comme le Kotoamatsukami, à partir de lui.

L'histoire

En raison de la collision entre Dieu et d'autres préexistants dans le Big Bang, l'univers a commencé à se former. Après que Dieu et ses anges aient vaincu les ténèbres, des morceaux ont échappé à la détection et ont été éparpillés un peu partout. Amatsu-Mikaboshi était l'un de ces morceaux. Lorsque Mikaboshi chercha à reprendre le contrôle des forces obscures, il fut brisé par le mouvement du dedans et du Yo, qui fit naître la complétude du cosmos, ainsi que le chaos actif de la vie et du mouvement, qui devinrent ensuite les dieux et les humains, en un bref instant.

Les passions humaines, selon certains, sont le résultat de la présence résiduelle des ténèbres primordiales dans le cœur de toutes les créatures, même après que leur solidité ait été oblitérée. Alors qu'Amatsu-Mikaboshi est souvent désigné comme un "Satan" japonais, Mikaboshi n'est pas un "Satan" japonais. L'absence d'une forme distincte est le résultat de ses origines en tant qu'antithèse des pouvoirs positifs de la vie dans le Shinto.

Les mythes et légendes

"August Star of Heaven" ou "Dread Star of Heaven" dans la mythologie japonaise, également connu sous le nom de "Scarecrow Male of Heaven" ou "Brilliant Male", était à l'origine un dieu Shinto malveillant dans le folklore japonais.

Les dieux de l'étoile polaire et de Vénus étaient liés à Ama-no-mi- Naka-sushi ("Seigneur divin des cieux intermédiaires") avant d'être unis au dieu de toutes les étoiles, Myken.

Dans d'autres récits, le sang de Kagutsuchi a été utilisé pour le créer. Pendant l'invasion d'Izumo par Takemikazuchi, le Nihon Shoki le mentionne comme un captif de Takemikazuchi, et dans le Kojiki, il est parfois appelé Takeminakata.

Ryûjin

Le dragon japonais Ryujin était un personnage légendaire. Il était la divinité de la mer qui gouvernait l'eau et protégeait le Japon des dangers de l'océan. En tant que roi dragon, il régnait en maître ! Et ce n'est pas tout, il pouvait aussi se transformer en divers animaux et prendre une forme humaine.

Ryujin, Dieu de la mer

Ses gemmes mystiques lui permettaient de contrôler les marées et les pluies. Il est facile de comprendre pourquoi le Japon ancien a choisi la mer et la pêche comme emblème, étant donné leur importance vitale pour le peuple japonais.

Les pêcheurs priaient le dieu dragon pour qu'il leur assure de bonnes prises et une mer calme pendant qu'ils pêchaient. Ryujin est devenu une divinité de la mer, et les gens organisaient des festivals en son honneur.

L'ancêtre du premier empereur du Japon.

La princesse Otohime, épouse du prince chasseur Hoori, est née de Ryujin et du père d'Otohime. Le premier empereur Jimmu serait né de l'union d'Otohime et de Hoori. C'est grâce à ce fait que nous pouvons discerner que Ryujin est, en fait, un lien ancestral avec la famille impériale japonaise.

Le palais sous-marin de Ryujin

Le lac Biwa, situé au nord-est de Kyoto, est souvent considéré comme le lieu de naissance de Ryujin. Ryg-j, un énorme château sous-marin, était la demeure du dragon japonais. Ce château a été construit à l'aide d'une combinaison de corail rouge et blanc et de cristal. Ce palais abritait la famille de Ryujin et ses fidèles serviteurs. En tant que serviteurs de Ryujin, les tortues de mer, les méduses et les poissons sont fréquemment mentionnés.

Il y avait des sanctuaires dédiés à ce dieu de la mer dans tout le Japon. Les fermiers des zones rurales dépendaient fortement de la pêche et de la pluie pour faire pousser leurs cultures. On pensait aussi que Ryujin avait une maison dans ces endroits.

Les mythes et légendes de Ryujin

De nombreux contes du folklore japonais mettent en scène Ryujin. Malgré tous ses pouvoirs destructeurs (tsunami, tempête, etc.), la mer a aussi un côté empathique qui aide et sauve ceux qui en ont besoin.

La légende de Hoori et le crochet magique

Hoori, l'ancêtre de la dynastie royale du Japon, raconte l'histoire de Ryujin, qui joue un rôle essentiel dans sa vie. Watatsumi est l'un des nombreux autres noms du dieu dragon dans ce mythe.

Hoori, le fils aîné de Ninigi, était le plus jeune de la famille (lui-même petit-fils de la déesse du soleil Amaterasu). Un jour, il emprunta l'hameçon magique de son frère Hoderi. Il était capable d'attraper un grand nombre de poissons avec cet hameçon sans aucun effort. Il a essayé de l'utiliser mais n'a pas réussi du tout. Pire encore, il l'a perdu dans les profondeurs de l'océan.

Hoderi a rejeté l'offre de son frère de lui fournir 500 hameçons de pêche car il était furieux de la perte de l'hameçon. Il se trouvait sur la plage quelques jours plus tard lorsqu'un kami (une divinité japonaise) s'est approché de lui, sentant la profonde tristesse de Hoori et lui recommandant de voir Watatsumi. En effet, il lui a dit que s'il demandait poliment, ce dernier pourrait peut-être lui rendre l'hameçon.

En conséquence, Hoori est parti à la recherche de Watatsumi à bord d'un petit bateau qu'il a fabriqué lui-même. Il arriva finalement au palais de la divinité de la mer après un long voyage. Toyotama-hime,

la fille de Watatsumi, l'y rencontra. Il fut impressionné par la beauté de la princesse et oublia pourquoi il avait voyagé si loin.

Hoori et Toyotama-hime se sont mariés avec la bénédiction de Watatsumi. Alors qu'ils étaient jeunes, ils semblaient avoir oublié le temps. Le frère de Hoori a attendu le crochet pendant longtemps avant de se rappeler.

En réponse à la question de Watatsumi sur ce qu'il devait faire avec son hameçon, une daurade l'a avalé tout entier. Il a remis à Hoori deux diamants qui lui permettent de contrôler la pluie qui irrigue ses rizières en conjonction avec le crochet.

Après une longue absence, il est rentré chez lui et a remis le crochet à son frère. Grâce aux pierres précieuses enchantées, Hoori a pu amasser une énorme fortune et prolonger sa vie de plus de 500 ans.

Urashima Taro, le pêcheur

Un pêcheur local a un jour observé un groupe d'enfants harceler une tortue de mer sur le sable. En les repoussant, il a sauvé la tortue. En guise de remerciement, la tortue a offert à Urashima Taro une croisière en mer et une visite du château sous-marin de Ryujin. C'est un beau cadeau !

Pour fêter ça, la fille du roi dragon des mers lui a servi un incroyable festin. Il a également reçu un coffret à bijoux comme cadeau avant de partir. Quand Urashima Taro est retourné dans son village, il a été surpris de voir combien de choses avaient changé. Il ne pouvait pas trouver sa famille ou sa maison, ce qui était beaucoup plus problématique.

Il a parlé à une femme âgée qui avait un vague souvenir du passé. Il avait inexplicablement disparu il y a quelque temps, et elle l'a mentionné à un moment donné. Puis il s'est rendu compte que plusieurs décennies s'étaient écoulées depuis sa précédente visite au château sous-marin. Il ouvrit la boîte à bijoux qui lui avait été offerte après avoir erré désespérément sur cette nouvelle planète. En un instant, le monde autour de lui est revenu à son état précédent alors qu'une lumière extrêmement brillante en a jailli.

La vie d'Urashima est devenue plus importante à la suite de cet événement, qui était à la fois déroutant et stressant.

L'empereur Jingu et l'invasion coréenne.

Jingu a pu faire la guerre en Corée grâce aux perles de mer de Ryujin, selon certaines traditions japonaises.

En effet, l'impératrice a jeté le Kanju (joyau de la marée) dans la mer lors de sa bataille avec la marine coréenne. Après cela, la marée s'est retirée. Cela a empêché la flotte de l'armée coréenne de se déplacer. Les soldats coréens ont donc dû quitter leurs navires. Par la suite, Jingu, impératrice de Chine, a mis le Manju (un autre bijou) à l'eau, et la mer est montée. Les eaux de crue ont submergé les soldats coréens et les ont enterrés. Le sanctuaire Yasaka organise chaque année un festival appelé "Gion Matsuri" pour commémorer cette histoire.

Le mythe de la méduse

Lorsque Ryujin a eu une mauvaise éruption cutanée, il a eu besoin du foie du singe pour la soigner. Pour ce faire, il a demandé aux méduses de lui trouver un singe, ce qu'elles ont fait. Le singe intelligent, quant à lui, a rapidement compris la gravité de la situation. Dans une tentative désespérée d'échapper à la méduse, il l'informa que son foie était caché dans les bois. Lorsqu'il a promis de trouver et de ramener la méduse, cette dernière a eu confiance en lui. La méduse, par contre, ne l'a jamais revu.

Il retourna au palais et informa Ryujin de la vérité, ce qui rendit le dieu dragon encore plus furieux. Ses os ont été brisés alors qu'il continuait à frapper la méduse. Qu'est-ce que cela signifie pour la question de savoir pourquoi les méduses n'ont pas d'os ?

Dans le domaine de l'art et de la culture

Un dragon de mer ou un énorme serpent est la représentation visuelle la plus courante de Ryujin. Pour symboliser davantage la puissance et la royauté japonaises, il peut également porter la gemme ronde mystique. Il l'utilise également pour commander le débit de l'eau.

Lors de la conception de la gare Katase-Enoshima à Fujisawa, on a pensé au palais de Ryujin. C'est un hommage approprié à la culture, aux coutumes et aux traditions uniques du Japon dont sont parés ces chefs-d'œuvre architecturaux.

Sukuna-hikona

Le Petit Homme de la Renommée, ou Sukunahikona (en japonais: "Petit Homme de la Renommée" ou Sukunabikona) dans la mythologie japonaise, est une divinité naine qui a aidé à établir l'univers et à formuler des défenses contre les maladies et les animaux sauvages avec kuninushi, le dieu de la foudre.

En ce qui concerne les sources d'eau chaude, Sukunahikona est connu comme la divinité du saké (vin de riz). Sukunahikona a mordu Kuninushi sur la joue lorsqu'il est arrivé pour la première fois à Izumo dans un minuscule bateau fait d'écorce et vêtu de peaux d'oies. Il n'a pas fallu longtemps pour que les deux hommes deviennent des amis proches. Les contes populaires sur les nains et les fées, comme Sukunahikona, ont influencé de nombreux récits ultérieurs. Pour quitter ce monde, il escalada une tige de millet et fut projeté dans Tokoyo no Kuni, le pays de l'éternité, par sa force de rebond.

CHAPITRE 3

LES HÉROS ET LEURS ENTREPRISES

Tawara Toda

Fujiwara Hidesato était un héros pionnier. Tawara Toda, le plus grand archer de son époque, était connu sous le nom de "Lord Rice Bale" en raison de sa capacité à déplacer une balle de riz de 60 kg (132 lb) de chaque main. Il se rendit chez Taira no Masakado, un souverain local de la région de Kant, dans ce qui est aujourd'hui la préfecture de Chiba, pour voir s'il allait aider la rébellion contre l'autorité impériale. Masakado était en train de dîner, et il l'a invité à se joindre à lui. Toda remarqua que Masakado ramassait le riz qu'il avait renversé sur ses robes et le mettait dans sa bouche pendant qu'ils mangeaient. Il s'est alors rendu compte que Masakado était un homme cruel qui ne serait pas gentil avec ses alliés, il a donc rejoint l'armée impériale et a aidé à le détruire.

Quant à Tawara Toda, il était lui aussi parti pour de nouvelles escapades. Ryujin, le kami dragon, a fait l'objet de l'une de ses rencontres les plus mémorables. Sur le lac Biwa, le héros tombe sur un serpent alors qu'il s'apprête à traverser un pont. Son pied est

impeccable et il marche prudemment sur l'animal, devenu dragon. Selon Ryjin, le dragon, le pays du héros, était attaqué par un gigantesque mille-pattes. Dans le domaine du dragon, Tawara Toda a rencontré et combattu le mille-pattes, qui avait accompagné le dragon jusque là. Cependant, les premières flèches qu'il a tirées étaient précises mais ont eu peu d'effet. Le mille-pattes a été mis à mort par une flèche qui avait été magiquement mouillée avec sa propre salive. Il est possible que le cadeau généreux du dragon, un sac de riz inépuisable, soit à l'origine de son surnom.

Ishikawa Goemon

Ishikawa Goemon, héros populaire semi-légendaire et maître voleur apparu dans de nombreux médias, notamment le Kabuki, le Bunraku, le cinéma, les bandes dessinées, les émissions de télévision et les livres, serait né à Iga en 1558. Goemon était un élève de Momochi Tamba, le légendaire maître ninja de la préfecture de Mie, et a reçu sa formation dans les célèbres cascades d'Akame 48, près de Nabari. Une fois, Goemon a eu une liaison avec la femme de Momochi, ce qui a entraîné sa grossesse, et a ensuite poussé une autre amante dans le puits, la tuant. Goemon est devenu célèbre comme voleur après avoir volé l'épée de son maître et s'être échappé d'Iga. Il est montré comme un criminel lorsque les réseaux de ninjas se dispersent après les raids d'Oda Nobunaga sur Iga.

Ce type est le sujet d'une foule d'histoires inventées. Les décorations dorées du toit du château de Nagoya en forme de poisson-tigre lui auraient été dérobées, et il aurait tenté de tuer Oda

Nobunaga et Toyotomi Hideyoshi. Selon la légende, le Robin des Bois japonais vole les nantis et donne aux moins fortunés, parmi de nombreuses autres affirmations exagérées.

Toyotomi Hideyoshi a ordonné l'exécution de Goemon en le faisant bouillir à mort dans un grand chaudron devant les portes Sanmon du temple Nanzen-Ji de Kyoto. Cependant, lorsqu'il a été exécuté, les portes n'avaient pas encore été réparées). Après avoir été anéanties en 1369, elles ont été reconstruites en 1628 ! Afin de sauver son petit fils, Goemon l'aurait tenu au-dessus de l'eau bouillante alors qu'ils étaient tous deux condamnés à mort. C'est à la suite de cet incident que le nom de Goemonburo, ou bain de Goemon, a été inventé pour désigner le bain dans de l'eau chaude chauffée sur un feu ouvert.

Une note complémentaire intéressante: La prison de Nagoya a utilisé le bain où Ishikawa Goemon aurait été bouilli vivant jusqu'à peu avant la Seconde Guerre mondiale. Au début du conflit, lorsque le gouvernement s'est lancé dans la collecte de métaux, l'énorme chaudron a peut-être été détruit.

Kintaro

L'un des quatre disciples dévoués de Minamoto no Yorimitsu, Kintaro ("Golden Boy"), est un personnage bien connu de la légende japonaise. Kintaro était le nom d'enfance de Sakata no Kintoki. Lorsque le Konjaku

Monogatari () a été publié dans le Japon du XIe siècle, Sakata est apparu comme un personnage historique qui était le fils d'un yamauba (ou "sorcier des montagnes") né sur le mont Ashigara (l'actuelle préfecture de Kanagawa). Il aurait combattu des ours et d'autres animaux sauvages grâce à son pouvoir surhumain.

Personnage courant des ballades japonaises et des pièces de théâtre kabuki des XVIIe et XVIIIe siècles, Kintaro est souvent appelé Kaidomaru. Selon le folklore, le dieu du tonnerre est une divinité de la pluie, et la région d'Ashigara peut avoir eu une croyance indigène en lui. Cela se traduit par son extraordinaire pouvoir, sa peau rouge et la hache qu'il prétend être la hachette du dieu du tonnerre. En ce sens, Sakata et le dieu de la fertilité de la région pourraient tous deux être incorporés dans Kintaro.

Abe no Seimei

Seimei Abe est l'exorciste le plus fort de la série, selon Abe no Seimei. Cependant, le gardien enchanté de Sayo identifie Rokuro comme le fils d'Abe no Seimei, et Hijirimaru affirme qu'Abe no Seimei est toujours vivant à Magano. Le gardien enchanté de la Miko, quant à lui, prétend être Abe no Seimei.

L'histoire

L'un des plus puissants exorcistes était Abe No Seimei. Abe No Seimei s'est battu contre le Roi des Impuretés il y a 1000 ans, lorsqu'elles étaient en liberté. C'est elle qui a développé le Magano afin de l'enfermer. En entrant dans la pièce, elle a donné à son subordonné son nom et ses principes, sachant pertinemment qu'elle ne reviendrait pas. Après avoir encerclé l'île de Tsuchimikado avec ses douze gardes, elle s'est rendue à l'intérieur de Magano. Il dut abandonner son véritable corps et tenter de s'emparer d'elle dans un ultime effort, mais il n'y parvint pas. Pour l'empêcher de s'échapper,

elle s'est fabriquée une cage et le retient depuis près d'un millénaire. Rokuro est né d'elle à un moment donné dans le passé.

Les pouvoirs et capacités

L'exorciste Abe no Seimei a produit douze puissants shikigami, qui sont déployés par les Douze Gardiens pour la protection de ces derniers. Elle a accès à des dizaines de milliers de shikigami et peut faire appel à n'importe laquelle des milliers de procédures secrètes. Plus tard, elle a donné une partie de son autorité à l'un de ses apprentis, Doujimaru, afin qu'il puisse utiliser son nom et commander les exorcistes des écoles yang.

Saitō Musashibō Benkei

Benkei, également connu sous le nom de Saito no Musashibo, était un moine guerrier japonais au service de Minamoto no Yoshitsune (1155-1189). Il est fréquemment dépeint dans le folklore japonais comme un homme d'un courage et d'une loyauté extraordinaires.

Selon plusieurs récits, Benkei est né. La façon dont son père avait violé sa mère, fille de forgeron, est racontée par une autre personne. Un autre pense qu'il est le fils d'une divinité d'un temple. Une plaque de fer aurait fécondé sa mère, selon certaines traditions. Certains le voient comme un jeune diable aux dents longues et aux cheveux sauvages, tandis que d'autres le considèrent comme un enfant innocent. De nombreuses œuvres ukiyo-e renommées sont basées sur Oniwakamaru et ses exploits, et Benkei a peut-être été connu sous le nom d'Oniwakanote dans son enfance. Selon la légende, chaque combat dans lequel il a été directement impliqué l'a vu battre au moins 200 guerriers.

Il est devenu moine à un jeune âge et a beaucoup voyagé dans les temples bouddhistes du Japon. Les monastères n'étaient pas seulement des centres administratifs et culturels majeurs à cette époque, mais ils avaient également une puissance militaire. Benkei, comme beaucoup d'autres moines bouddhistes, a sans doute appris à manier le naginata pendant son séjour au Japon. Mesurant plus de 6 pieds et 7 pouces, on pense qu'il était âgé de seulement 17 ans. En conséquence, il a quitté le monastère et a rejoint la secte ascétique montagnarde connue sous le nom de yamabushi, qui se distinguait par son chapeau noir. Benkei est souvent représenté portant ce chapeau dans les œuvres d'art japonaises.

Benkei est censé avoir établi son camp près du pont Goj de Kyoto, où il a désarmé tous les épéistes qui se présentaient à lui, amassant une collection de 999 armes. Benkei a été battu lors de son 1000e combat par Minamoto no Yoshitsune, le fils d'un seigneur de guerre. A partir de ce moment, il fut l'allié de Yoshitsune dans la guerre de Genpei contre les Tairas. La plupart des victoires du clan Minamoto sur les Taira sont attribuées à Yoshitsune, notamment la bataille navale décisive de Dannoura. Cependant, le frère aîné de Yoshitsune, Minamoto no Yoritomo, se retourna contre lui après leur triomphe.

Benkei a rejoint Yoshitsune en tant que hors-la-loi pour les deux années suivantes pendant l'épreuve qui a suivi. Une fois qu'ils ont atteint le château de Koromogawa no tate, ils ont été acculés. Benkei s'est battu sur le pont devant la porte principale pour garder

Yoshitsune pendant que celui-ci se retirait dans le donjon intérieur du château pour accomplir le seppuku par lui-même. On pense que plus de 300 soldats sont morts des mains d'un géant qui a traversé le pont pour affronter les soldats, qui avaient peur de le faire. Ils ont aperçu les blessures et le corps infesté de flèches de Benkei encore debout, même après que le combat était censé être terminé. Le géant s'est laissé tomber au sol lorsque les soldats ont traversé le pont et regardé de plus près, ayant péri en position debout. La "mort debout de Benkei" est le nom donné à cet événement.

Il est l'un des badass les plus notoires du Japon et l'ancêtre incontesté du mouvement "Mort debout".

Momotarô

Le héros folklorique japonais Momotaro (littéralement "garçon à la pêche") est bien connu dans tout le pays. Un nom masculin japonais fréquent, Peach Taro, se traduit par Peach Boy. Son nom se traduit par Peach Taro, un nom masculin japonais fréquent. Les livres, films et autres œuvres basés sur l'histoire de Momotaro sont tous intitulés Momotaro.

Il est actuellement largement reconnu que Momotar est un héros de la préfecture d'Okayama. Cependant, il s'agit d'une invention contemporaine qui n'est pas largement soutenue par les universitaires.

L'histoire

Un vieil homme et sa femme vivaient autrefois à la campagne au Japon. Comme ils n'avaient pas d'enfants, ils se sentaient isolés et

déprimés.

Un jour, lui et sa femme étaient en train de laver des vêtements dans la rivière lorsque le vieil homme est parti dans les montagnes pour couper du bois de chauffage.

La vieille femme se lavait le visage lorsqu'elle a vu une grosse pêche dériver sur la rivière. La pêche était énorme. De toute sa vie, elle n'avait jamais rien vu de tel. Elle a récupéré la pêche dans la rivière et l'a ramenée à la maison pour le dîner de son mari.

"Regarde cette délicieuse pêche que j'ai apportée pour ton dîner", dit la vieille femme lorsque le vieil homme arriva chez lui en fin d'après- midi. Ce fruit, ajouta le vieil homme, était certainement une œuvre d'art. "Fendons-la et mangeons-la", proposa-t-il car il avait très faim.

Afin de couper la pêche en deux, la vieille femme a apporté un grand couteau de la cuisine. Puis, sortant de nulle part, on a entendu une voix humaine venant de l'intérieur de la pêche. "Attendez!" a crié la voix dans ma tête. Un adorable petit garçon nouveau-né a soudainement émergé de la pêche qui s'était ouverte en deux.

Le couple âgé était ravi et a adopté le nourrisson comme son fils. Momotaro, qui se traduit par "garçon pêche", lui a été donné car il était né d'une pêche. Ils ont adoré Momotaro et l'ont très bien élevé.

Papa, tu as toujours été très merveilleux avec moi quand j'étais petit", dit Momotaro à son père quand il avait environ quinze ans. Il est temps pour moi de faire quelque chose pour ma nation maintenant que je suis un homme adulte. L'île des Ogres est située dans une zone lointaine de l'océan. Beaucoup d'ogres maléfiques y vivent, et ils envahissent fréquemment notre région et commettent

des crimes horribles comme le kidnapping et le vol des biens des gens. Je me dirige donc vers l'île des ogres pour les affronter et ramener du butin en échange. "Je voudrais faire ça, s'il vous plaît."

Lorsque Momotaro a raconté cela au vieil homme, celui-ci a été à la fois surpris et fier du désir du jeune homme de servir les autres. En conséquence, lui et la vieille femme ont aidé Momotaro à préparer son voyage vers l'île des Ogres. Le vieil homme lui donna une épée et une armure, et la vieille femme lui donna des boulettes de pâte. Une nouvelle aventure l'attendait.

Il a fait son chemin vers l'océan. Il rencontra un chien tacheté sur son chemin. Après que le chien ait aboyé sur Momotaro, Momotaro lui a offert une des boulettes et lui a sauvé la vie. Il expliqua au chien tacheté qu'il se rendait sur l'île des ogres pour affronter les ogres. Du coup, le chien a accepté de nous accompagner.

Il ne fallut pas longtemps pour que Momotaro et le chien tacheté soient approchés par un singe. Il y eut une bagarre entre le singe et le chien à rayures rouges et blanches. Malgré cette information, Momotaro informa le singe de son intention de combattre les ogres de l'île des Ogres avec le chien tacheté. Lorsque le singe demanda à se joindre à eux, ils acceptèrent. En conséquence, Momotaro donna une boulette au singe et l'emmena avec lui.

Les trois compagnons de Momotaro ont continué leur promenade. Un faisan est apparu de nulle part. Le chien tacheté, le singe et le faisan étaient au bord de la bagarre quand le chien tacheté est apparu. Après avoir entendu que Momotaro se rendait sur l'île des ogres pour affronter les ogres, le faisan demanda s'il pouvait

l'accompagner. Momotaro a donc donné une boulette au faisan et l'a emmené avec lui.

Ils sont tous devenus amis et ont suivi Momotaro comme général, même s'ils avaient une longue histoire d'animosité l'un envers l'autre. Ils ont voyagé pendant très longtemps avant d'arriver à l'océan. Momotaro a construit un bateau au bord de la mer. Ils sont tous montés dans le bateau et ont traversé l'eau en direction de l'île des Ogres.

Les ogres ont établi un formidable fort sur l'île lorsqu'ils sont arrivés en vue de celle-ci. De nombreux ogres étaient également présents. Le rouge, le bleu et le vert n'étaient que quelques-unes des teintes utilisées pour décrire les ogres.

Le faisan s'est d'abord envolé au-dessus des murs du fort et a commencé à picorer la tête des ogres, les faisant tomber au sol. Le faisan était rapide et évitait toutes leurs massues, ce qui les empêchait de le frapper. Ce n'est que lorsque les ogres ont été distraits que le singe a réussi à leur glisser entre les doigts et à déverrouiller la porte du fort. Les ogres avaient déjà été éliminés par l'arrivée de Momotaro et du chien tacheté au fort.

Nous allions assister à un grand combat! La tête et les globes oculaires de ces ogres maléfiques étaient picorés par une volée de faisans. Le singe les a ensuite piétinés avec ses griffes. Le chien tacheté les a ensuite attaqués et mordus tous les deux. Momotaro les a alors tailladés avec son épée. Enfin, les ogres ont été mis au repos. Ils se sont tous agenouillés devant Momotaro et ont juré de ne plus jamais faire une chose pareille. A leur retour, ils apportèrent à Momotaro tout l'or et l'argent qu'ils pouvaient porter.

Une énorme collection de métaux précieux et de diamants a été trouvée. Entre autres objets, il y avait une combinaison d'invisibilité et un marteau qui créait de l'argent chaque fois qu'on frappait le sol. Tout cela a été transporté par bateau jusqu'à l'île natale de Momotaro. Une fois arrivés à la maison de Momotaro, ils ont préparé un chariot et y ont chargé le trésor.

Le vieil homme et sa femme ont été choqués de voir leur fils revenir en un seul morceau. Les trésors de Momotaro les ont rendus extrêmement riches, et ils ont tous vécu heureux.

Tomoe Gozen

Pourtant, le samouraï Tomoe Gozen, l'un des guerriers les plus terrifiants et les plus célèbres du Japon au XIIe siècle, était en réalité une femme qui a défié les contraintes de la société pour devenir une combattante experte.

L'histoire de Tomoe Gozen est enfouie dans l'obscurité, mais elle était connue pour être à la fois belle et effrayante. Ce qui est particulièrement frappant dans la légende de Tomoe Gozen, ce n'est pas seulement qu'il s'agissait d'une femme samouraï, mais qu'elle était une combattante hors pair, que même les autres guerriers redoutaient.

La vie à l'époque de Tomoe Gozen

À l'origine, le mot "samouraï" désignait une caste noble d'aristocrates militaires. On dit que Tomoe Gozen était une femme

aux multiples contradictions: belle, ardente, dévouée et vicieuse.

Ce n'est qu'au XIe siècle que les samouraïs commencent à exercer une véritable influence, alors qu'ils sont apparus au VIIIe siècle. Les daimyos, les dirigeants féodaux toujours en proie à des luttes de pouvoir, s'assuraient l'aide de ces hommes pour combattre pour eux. En 1600, les samouraïs se sont imposés comme une classe sociale distincte, dotée de ses propres droits, dont celui d'utiliser deux épées.

Dans le Japon ancien, les femmes devaient se marier, avoir des enfants et s'occuper de leur famille pendant que leur mari était à la guerre, à l'exception des femmes mariées à des samouraïs. Les femmes de cette époque étaient censées être bien éduquées et capables de protéger leur foyer et leur famille, et certaines portaient même des épées miniatures dissimulées dans leurs vêtements.

Même tout au long du Moyen Âge et jusqu'au XIXe siècle, des femmes se sont élevées au rang de combattantes.

CHAPITRE 4

MONSTRES ET CRÉATURES

Yokai japonais ailé, connu sous le nom de tengu (en japonais: signifiant "sentinelle céleste"), les tengu peuvent également assumer une fonction divine en tant que messagers ou même divinités. Sjb, le roi tengu, est le titre donné au souverain du royaume.

Les capacités

Par exemple, ils ont la capacité de se transformer en formes humaines ou animales, de converser avec les humains sans ouvrir la bouche, de se téléporter d'une zone à une autre immédiatement sans utiliser leurs ailes, et d'apparaître dans les rêves des gens sans leur volonté. En outre, leurs prouesses en arts martiaux sont bien connues.

De nombreux événements naturels sont attribués à la présence des tengu, tels que :

Un feu éthéré appelé Tengubi.

Les tsubute, ou avalanches de cailloux, sont fréquentes dans les montagnes et les villes.

Les arbres qui tombent avec une énorme rafale de vent font le bruit du Tengu daoshi.

L'apparition

Les Tengu sont typiquement représentés comme des Yokai humanoïdes avec des queues et des robes à plumes. Un homme au visage rouge avec un long nez (notamment le Daitengu) est la forme la plus courante de leur tête au Japon, tandis qu'une tête d'oiseau est la deuxième plus courante (comme le Karasu Tengu ou le Kotengu).

Le comportement

C'est le travail des tengu de faire des farces aux prêtres bouddhistes qui sont pleins d'eux-mêmes et de leur propre vanité et de punir ceux qui utilisent leur position de pouvoir et d'expertise pour un bénéfice personnel. Dans le passé, ils punissaient également les soldats samouraïs arrogants et prétentieux. Ils méprisent les égocentriques et tous ceux qui veulent porter atteinte à l'intégrité du Dharma (loi bouddhique).

Ils étaient autrefois des démons très redoutables, et des adversaires du bouddhisme appelés les tengu. Leur caractère a évolué au fil du

temps, passant de celui d'esprits maléfiques à celui de défenseurs actifs du Dharma.

La légende du roi Tengu

Sur le mont Kurama, dans la région la plus septentrionale de Kyto, un Daitengu connu sous le nom de Sjb (en japonais: ou, signifiant " grand prêtre ") règne sur le royaume des Tengu. A Sjigatani, ou "la vallée du grand prêtre", il vit au cœur de la montagne. Ses autres noms sont Kurama tengu et Kurama sjbo. Il est également connu sous ces autres noms.

Les mythes et légendes

Le nom de Sjbo est bien connu, mais on ne sait pas grand-chose de lui. La plupart des gens connaissent l'histoire d'Ushiwakamaru, le petit garçon que Sjbo aurait formé. Sjbo, roi des tengu, possède une connaissance inégalée de la magie, de la stratégie militaire et de l'art du sabre. Afin d'apprendre de lui, le jeune Ushiwakamaru s'est aventuré dans les profondeurs de Sjgatani et a subi un apprentissage éreintant. Sjbo était connu pour avoir mangé les enfants qui s'aventuraient trop loin dans la forêt, ce qui rendait cette mission particulièrement périlleuse. Sjb, quant à lui, fut touché par le courage du jeune homme et décida de l'entraîner lui-même.

Minamoto Yoshitsune, qui a régné de 1159 à 1189 CE, était un descendant d'Ushiwakamaru. Dans le conte du Heike, l'un des guerriers les plus connus du Japon, Yoshitsune, est un personnage central. Le tengu du mont Kurama serait à l'origine de son habileté inégalée au sabre.

L'apparition

Des cheveux blancs, un nez inhabituellement grand et la puissance de mille tengus ne sont que quelques-unes des caractéristiques qui le font sortir du lot. Sjbo est le roi des tengus et le plus puissant du groupe.

L'origine

En raison de sa relation avec le temple Kurama, un temple bouddhiste éloigné qui adhère à une forme ésotérique de bouddhisme, Sjbo est largement reconnu. Depuis longtemps, le tengu, la divinité vénérée par les yamabushi et les cultes ascétiques des montagnes, est associé au temple Kurama. Le mont Kurama est également considéré comme la montagne la plus sacrée pour les tengu puisque Sjbo y vit. Mao-son est l'une des trois trinités sacrées de la religion Kurama, tandis que Sjbo est soit un rang en dessous de Mao-son, soit une version différente de Mao-son.

La légende de Tengu et de la cape d'invisibilité

Dans le cadre de son accord de pactio avec Negi Springfield, Kaede Nagase a obtenu le Tengu no Kakuremino (cape magique du Tengu).

Lorsqu'elle est portée, la cape agit comme une forme de camouflage ou d'invisibilité, réussissant à dissimuler la personne et à rendre la cape elle-même invisible.

Un autre univers, avec une modeste maison japonaise, se trouve à l'intérieur du manteau. L'artefact de Kaede peut également absorber les coups de l'ennemi ou rattraper quelqu'un qui tombe en plein vol, en plus de ses fonctions primaires de furtivité et de déplacement.

Kappa

Le Kappa, un monstre marin qui rôde dans les eaux au large des côtes japonaises, est à la fois mystérieux et effrayant. On attribue à cette étrange créature des pouvoirs magiques qui peuvent être utilisés à la fois pour le bien et le mal. C'est dommage car le Kappa préfère abuser de ses capacités en taquinant ou en attaquant les gens. Des observations de Kappa continuent de se produire, en particulier dans les zones rurales du Japon, malgré le scepticisme généralisé quant à leur existence. Les habitants affichent toujours des mises en garde près des cours d'eau où ils pensent que les Kappa peuvent se rassembler.

Qu'est-ce qu'un Kappa?

Selon le folklore japonais, le Kappa est un monstre qui vit dans les étangs et les rivières du pays. Rusé et d'apparence humanoïde, ce monstre étrange existerait. Les noms de kawappa, gawappa et kawaso, les plus populaires, comptent parmi les plus de 80 variantes.

Les lieux d'eau douce du Japon abritent le mythique Kappa, une sorte de Suijin (dieu de l'eau). Dans le folklore, on dit que le Kappa aime particulièrement faire des ravages sur les gens. Le caractère

inoffensif des farces d'un Kappa peut prendre la forme de bruits qui ressemblent à des flatulences ou de l'observation du kimono d'une femme. En revanche, certains Kappa sont connus pour avoir un comportement plus agressif, comme noyer des animaux, kidnapper des jeunes et s'imposer à des femmes et des jeunes filles.

Il arrive que les Kappa soient considérés comme généreux. Cependant, c'est le plus souvent le cas lorsque le Kappa a une dette envers un autre être humain, c'est pourquoi il est souvent redouté. Dans le folklore japonais, le Kappa amical est souvent mentionné comme une source d'os à ronger et de pommade médicinale.

Les caractéristiques

Les descriptions physiques

Les détails de la description de Kappa diffèrent selon les régions, mais l'idée générale est la même. Il est dit que Kappa a la taille d'un tout petit enfant (il ne mesure jamais plus d'un mètre cinquante) et que son corps est mince. Kappa est un terme qui signifie "enfant de l'eau" en langue sanskrite. En raison de leurs mains et pieds palmés, ils sont connus pour être d'excellents nageurs.

La peau du Kappa est écailleuse, comme celle d'un reptile. Le teint de leur peau peut aller du jaune au vert en passant par le bleu, selon les individus. L'arrière de la forme humanoïde d'un Kappa est censé être recouvert de la carapace d'une tortue. Les membres du Kappa ont également des cheveux longs et ébouriffés qui sont souvent coupés en brosse. Pour ajouter l'insulte à la blessure, ils parlent

avec leur bouche en forme de bec, mais cela ne semble pas être un problème pour eux lorsqu'ils parlent en langue humaine.

Le "sara", une petite dépression en forme de bol située au sommet de la tête de chaque Kappa, abrite un petit bassin d'eau. Les pouvoirs mystiques du Kappa sont attribués à cette eau. Lorsqu'un Kappa pose le pied sur la terre ferme, il doit maintenir son Sara rempli à tout moment, sinon il perdra toutes ses capacités magiques et sa force. Un Kappa peut périr sans cette eau. Même si cette croyance est largement répandue, on pense que les Kappas seront éternellement reconnaissants et vous aideront pour tout ce dont vous avez besoin si vous remplissez la Sara sur leur tête.

Les hyosubes, ou monstres affamés ressemblant à des ogres, seraient également une variante du Kappa poilu connu sous le nom d'hyosube.

La personnalité

Les Kappas sont craints pour leur méchanceté et leur propension à cibler les humains et le bétail comme cibles de leur colère. Certains Kappa farceurs aiment mettre les autres mal à l'aise avec leurs blagues, comme produire des bruits qui ressemblent à des flatulences ou rechercher le kimono d'une femme. D'autres Kappa sont plus agressifs et tentent de noyer le bétail et les jeunes enfants, de boire le sang des victimes et d'agresser sexuellement les femmes.

Le Kappa s'est entiché d'une chose appelée shirikodama, qui est censée porter la force vitale de celui qui la porte et qui peut être

trouvée dans le Shiri, selon le folklore (anus). Le shirikodama est censé être la motivation derrière la majorité des assauts de Kappa. En général, les Kappa ne tuent pas pour mettre la main sur un shirikodama ou même le toucher. On dit que les Kappa se cachaient dans les salles de bains (souvent situées au-dessus de la rivière) et attendaient l'occasion d'attaquer sexuellement les dames, comme le veulent de nombreux mythes. Beaucoup de ces femmes ont ensuite eu des enfants Kappa. En raison de leur aspect monstrueux, ces enfants étaient démembrés et enterrés dans des bocaux dès leur naissance.

Le Kappa est, malgré sa méchanceté, dévoué à la courtoisie et aux coutumes humaines. C'est considéré comme son principal défaut. Il n'est pas rare de rencontrer des Kappa qui prétendent s'être enfuis parce qu'ils ont provoqué l'éclaboussement d'eau dans la bouche du Kappa lorsqu'ils se sont inclinés. En plus de leur caractère moral élevé, les Kappa sont connus pour leur honnêteté et leur fiabilité. Un Sara de l'eau de Kappa peut vous aider de quelque manière que ce soit ou faire un gage pour tout ce que vous demandez.

De plus, les Kappa sont considérés comme des créatures exceptionnellement intelligentes. Malgré le fait qu'ils aient des becs à la place de la bouche, ils sont très au fait des techniques médicales. On prétend que l'amitié avec les Kappa a appris aux anciennes tribus japonaises qui habitaient le Japon comment réparer les os et fabriquer des médicaments.

Les pouvoirs

Ceux qui croient en cette divinité tiennent en haute estime les qualités d'un Kappa et les considèrent comme magiques. La force et les prouesses de natation de chaque Kappa sont bien connues. Ils sont également réputés pour leur passion pour le combat, notamment le sumo. Selon le folklore, la plus grande satisfaction d'un Kappa dans la vie est de se battre contre ses ennemis. Une profonde révérence au Kappa, cependant, permet à beaucoup d'éviter de se battre contre lui. Certains disent que les Kappas sont tellement soucieux de montrer du respect qu'ils renverseront leur eau si vous leur faites une révérence en retour.

Les Kappas sont réputés pour leur esprit vif. On leur attribue un certain nombre de procédures médicales, y compris l'art de fixer les os et la production de plusieurs pommades thérapeutiques. On dit qu'un Kappa vous enseignera de nombreuses procédures thérapeutiques si vous devenez ami avec lui.

Oni

La mythologie et la tradition japonaises associent les oni aux mauvais esprits. Les maladies, les catastrophes et les désastres sont tous liés aux Oni, qui sont des monstres d'une stature énorme et d'un pouvoir extraordinaire. Les Oni sont représentés comme des méchants intrigants dans un large éventail de folklore et de contes japonais. Shuten-dji et Takemaru sont deux Oni bien connus.

L'étymologiety

Un oni est représenté par un kanji (écriture japonaise basée sur des caractères chinois). Pendant la dynastie Yin, l'emplacement du corps

d'une personne décédée dans une tombe était symbolisé par cet ancien pictogramme chinois (1500-770 avant notre ère). L'emblème a finalement évolué pour représenter à la fois les ancêtres et les démons de l'au-delà.

La lettre chinoise "on", qui signifie "se cacher", a été transformée en mot japonais "oni" vers les années 930 de notre ère, selon le Wamy ruijush, un dictionnaire de l'époque.

À l'origine un esprit intangible, l'Oni a évolué en un monstre monstrueux avec une forme distincte lorsque le nom "oni" a gagné en popularité par rapport à d'autres, plus génériques, comme "Mononoke". Oni peut également être épelé phonétiquement en utilisant les hiragana en plus de ("o-ni").

L'apparition

Des cornes ressemblant à celles du bœuf sont couramment trouvées sur l'Oni, qui en possède une ou deux petites. Dans la plupart des représentations, ils sont représentés dans des pagnes en peau de tigre, qu'ils portent lorsqu'ils sont habillés. "ushitora", le nom japonais du nord-nord-est, est un jeu de mots sur cette combinaison de cornes de bœuf et de peau de tigre. Ushi (bœuf) et Tora (tigre) sont deux mots japonais qui signifient la même chose en anglais. Dans la mythologie japonaise, cette direction était connue sous le nom de "porte de l'oni" et était réputée de mauvais augure.

Toutes sortes de couleurs de peau, y compris le noir, le bleu, le vert, le rouge et le jaune, sont représentées dans l'art japonais sous le nom d'Oni ; leurs cheveux sont généralement négligés. L'Oni est parfois représenté comme ayant un troisième œil au milieu du front. Une autre variante de l'Oni a l'apparence d'un cyclope, avec un seul œil. De longues canines ressemblant à des défenses sont courantes dans les mâchoires des Oni, qui ont une énorme bouche. Les mains et les pieds griffus à l'extrémité de leurs membres musclés, ainsi que leur arme préférée, une massue hexagonale massive et lourde en fer, appelée tetsubo, qui est utilisée pour tourmenter les captifs, sont fréquemment représentés.

La mythologies et les légendes

En raison de sa ressemblance avec les démons de la mythologie chrétienne, le nom japonais "oni" est couramment traduit en anglais par "ogre" ou "diable". Comme les démons dans le christianisme, les oni ne sont pas considérés comme méchants. Ils sont plutôt considérés comme des êtres courroucés et incontrôlables, mais néanmoins ouverts aux enseignements du bouddhisme.

L'un des six ordres d'existence dans le cycle sans fin de renaissance, de mort et de réincarnation, connu sous le nom de samsara, est l'oni, selon le bouddhisme japonais. Un oni est censé se réincarner à partir de l'âme d'une mauvaise personne ou être converti en un oni. Un oni peut être créé avant même la mort, selon certaines légendes. Si un humain ou un dieu est blessé de quelque manière que ce soit, un aramitama, ou une partie de son âme, peut se transformer en oni, selon la mythologie shinto.

Selon le folklore japonais, Oni est l'esclave d'Enma Dai, le roi de Jigoku, et de Meido dans l'enfer bouddhiste de Jigoku. Jigoku est un lieu où les Oni punissent et torturent les autres qui ont été méchants dans leurs vies antérieures (mais pas assez méchants pour devenir

eux-mêmes Oni) conformément au jugement d'Enma Dai. Il n'est pas rare que les gens soient soumis à des peines torturantes comme se faire peler la peau, se faire broyer les os ou même se faire frire dans une énorme poêle. Lorsqu'ils sortent de l'enfer bouddhiste, on pense qu'ils le font pour punir ou intimider les pécheurs.

La légende du Roi Oni

Le premier roi d'Oni, Shuten dji, a été tué par Minamoto no Yorimitsu, qui l'a qualifié de "petit ivrogne" en référence à son statut de souverain du Mt Oeyama.

La mythologie et les légendes

Le fantôme de l'empereur Sutoku, la Kitsune à neuf queues Tamamo no Mae et le redoutable roi oni Shuten dji sont trois des plus grands et des plus méchants yokai du folklore japonais.

La Naissance

Non, Shuten Dji n'est pas né oni. La plupart des légendes prétendent qu'il est né il y a mille ans dans l'actuelle Shiga ou Toyama et qu'il était initialement un garçon humain. Une femme humaine et l'énorme dragon Yamato-no-Orochi étaient les parents de son fils. On ne sait pas comment il est passé de l'état d'enfant à celui de démon, mais une théorie populaire va dans ce sens : Il était une fois un petit garçon qui était très puissant et intellectuel pour son âge. On l'appelait régulièrement "enfant du diable" à cause de sa

grande force et de son intelligence, et il est devenu de plus en plus apathique et rancunier envers les autres à cause de cette attention.

Même sa propre mère l'a abandonné alors qu'il n'avait que six ans. Au Mont Hiei à Kyoto, il a été élevé comme un apprenti prêtre après que sa mère soit morte d'un cancer. Il n'était pas difficile pour lui d'être ennuyé par ses pairs car il était naturellement le plus fort et le plus vif d'entre eux. Par conséquent, il a abandonné l'école et s'est battu. Bien que les moines n'aient pas le droit de boire, il était capable de boire plus que quiconque était prêt à s'asseoir et à prendre un verre avec lui. On l'a surnommé "le petit buveur" en raison de son penchant pour l'alcool.

La transformation

Shuten dji est arrivé au temple en état d'ébriété pendant un festin, une nuit. Pour faire des farces à ses collègues prêtres, il a revêtu un masque d'oni et a surgi de l'obscurité pour les effrayer. Il essaya d'enlever son masque à la fin de la nuit, mais à son grand étonnement, il s'était collé à sa peau ! Il se retira dans les montagnes, honteux, effrayé et puni par ses maîtres pour avoir été intoxiqué, car il considérait les autres personnes comme faibles, muettes et hypocrites. Pendant de nombreuses années, il a vécu dans les faubourgs de Kyoto, volant la nourriture et les boissons des gens et buvant lui-même de grandes quantités d'alcool. Ses activités illicites n'ont pas tardé à attirer de petits groupes d'adeptes, qui ont fini par constituer le noyau de son organisation.

Le roi des démons

La force et la compréhension de Shuten dji se sont accrues pendant son bannissement. Ses hommes de main étaient rompus à la sorcellerie étrange et sinistre, qu'il leur a transmise. Un enfant démon similaire, Ibaraki dji, entra en contact avec lui et devint son plus fidèle allié. Ils devinrent des Oni au fil du temps, jusqu'à ce que le jeune homme ait une famille entière d'Oni/yokai qui rôdait dans les rues de Kyoto, effrayant ses habitants par leurs brutalités alcoolisées. Sur le Mont E, où lui et sa bande de voleurs ont finalement atterri, il s'est préparé à prendre la capitale et à régner en empereur dans l'ombre.

Shuten dji et sa bande terrorisaient Kyoto en enlevant des vierges aristocratiques, en buvant leur sang et en consommant leurs organes entiers. Minamoto no Yorimitsu et sa bande de héros ont finalement pris d'assaut le palais de Shuten dji, où ils ont pu affronter la bande d'oni alors qu'elle était en état d'ébriété. La tête de Shuten dji fut coupée, mais même après avoir été décapitée, elle continua à mordre Minamoto no Yorimitsu.

Un col de montagne nommé Oinosaka a été choisi pour le dernier lieu de repos de la tête de l'oni car il était considéré comme impur. Le temple Nariai-Ji à Kyoto est censé posséder la coupe et la bouteille de poison utilisées par Minamoto no Yorimitsu.

La légende du démon-boeuf

Les Ushi oni (en japonais : ou, signifiant " démon-bœuf ") ou Gyki sont des monstres aquatiques originaires de l'ouest du Japon. Le

terme "démon-bœuf" peut désigner une grande variété de créatures ayant une apparence bovine.

La mythologie et les légendes

La morphologie commune des ushioni suggère une ascendance similaire, malgré leurs apparences distinctes. Leur souffle venimeux en fait des monstres très vicieux et méchants, et ils aiment manger les gens. Certains ushi oni se cachent dans l'ombre, attendant de prendre en embuscade quiconque s'aventure trop près de leur tanière ; d'autres voyagent le long des plages à la recherche de nourriture ; et les plus cruels des ushi oni dévastent à plusieurs reprises les mêmes villes, infligeant d'horribles malédictions ou répandant des maladies. On peut trouver quelques ushi oni dans les hautes terres de Shikoku, mais la majorité d'entre eux résident sur les côtes rocheuses et les plages de l'ouest du Japon.

La plupart du temps, les Ushi oni font équipe avec d'autres yokai. Originaire du nord de Kyushu et de l'ouest de Honshu, cette variante arachnéenne s'associe généralement à des nure et iso, qui utilisent leurs charmes pour attirer les mâles au bord de l'eau. L'Ushi Oni se jette sur eux et dévore sauvagement leurs victimes, et les yokai se partagent le butin.

L'apparition

La tête de la plupart des ushi oni ressemble à un bœuf, mais les corps sont diaboliquement horribles. Il existe d'autres variations sur ce thème, notamment un corps de bœuf avec une tête d'oni, une tête de bœuf sur un corps d'araignée ou de chat, ou une tête de

bœuf sur un corps humain vêtu d'un kimono (une version japonaise du minotaure).

Ningyo

Connu sous le nom de Ningyo (Ningyo) dans le folklore japonais, c'est un monstre ressemblant à un poisson. Une bouche de singe avec de petites dents comme celles des poissons, des écailles dorées scintillantes et une voix douce ressemblant à une alouette ou à une flûte sont quelques-unes des anciennes descriptions qui en sont faites. Sa viande est délectable, et ceux qui la consomment ont une très longue vie. Cependant, la capture d'un ningyo était considérée comme portant malheur, et il était conseillé au pêcheur de le rejeter dans l'océan. Lorsqu'un ningyo s'échouait sur le rivage, c'était un signe de conflit ou de catastrophe imminente.

La description

Les Ningyo, ou sirènes en japonais, se distinguent des sirènes du folklore occidental. En apparence, les Ningyo ressemblent plus à des poissons qu'à des personnes, allant d'un visage déformé de poisson à un corps humain complet avec de longs doigts osseux et des griffes acérées. Ils peuvent être aussi petits qu'un enfant humain et aussi énormes qu'un phoque. Les ningyos du Pacifique et de la mer du Japon, contrairement aux sirènes séduisantes de l'Atlantique et de la Méditerranée, sont horribles à voir.

Les îles japonaises comptent des sirènes au corps supérieur humain et au corps inférieur de poisson qui ressemblent aux races occidentales bien connues. De plus en plus de sirènes atlantiques de type occidental ont été aperçues sur les mers japonaises depuis la fin de l'ère Edo et l'ouverture du Japon à l'Occident. La sirène japonaise la plus fréquente, en revanche, ressemble plus à une bête qu'à une princesse.

Les observations de ningyos ont été rapportées depuis les premiers documents historiques du Japon. Le Nihon Shoki, un livre d'histoire du Japon ancien datant de 619 de notre ère, contient les premières preuves d'observations de sirènes au Japon. Les personnes qui mangent de la viande de ningyo sont réputées immortelles et jeunes, ce qui fait l'objet de nombreux récits traditionnels. Un risque que la plupart des gens ne veulent pas prendre y est attaché. Les humains qui blessent ou capturent un ningyo sont soumis à une terrible malédiction, et certaines histoires racontent que des villages entiers ont été emportés par des tremblements de terre ou des raz-de- marée après qu'un pêcheur imprudent en ait accidentellement attrapé un et l'ait ramené chez lui. Leur apparence monstrueuse et leurs capacités magiques intriguent les gens, mais il faut les éviter.

Selon le folklore, l'histoire de Yao Bikuni (également connue sous le nom de Happyaku Bikuni ou Happyaku Bikuni), une nonne bouddhiste de huit cents (ans), est la plus célèbre des histoires de ningyo. Un étrange poisson fut capturé par un pêcheur qui résidait dans la province de Wakasa. Comme il n'avait jamais rien vu de tel au cours de toutes ses années de pêche, il demanda à ses copains de goûter sa chair. Ils furent tous très impressionnés.

En jetant un coup d'œil dans la cuisine, l'un des invités s'est rendu compte que le visage du poisson avait une ressemblance humaine

et a exhorté les autres à ne pas le manger. C'est pourquoi, dès qu'il eut terminé de cuisiner et servi à ses invités la viande grillée du ningyo, ceux-ci la cachèrent sur leur corps afin de pouvoir la jeter sur le chemin du retour.

Cependant, un homme était tellement enivré par le saké qu'il a oublié de jeter le poisson bizarre. Cet homme avait une petite fille, et il lui a donné le poisson comme cadeau lorsque son père est rentré à la maison. Craignant pour sa sécurité, son père a essayé d'intervenir juste à temps, mais il était trop tard. Elle avait tout dévoré. Le père n'a cependant pas réfléchi car la fille ne semblait pas avoir été blessée après l'incident.

La jeune fille a grandi et s'est mariée au cours de plusieurs années. Mais après cela, elle n'a jamais vieilli ; elle est restée jeune tout au long de la vieillesse de son mari et de sa mort. Après une longue période de veuvage répété, la femme décida de devenir nonne et de parcourir le monde. Ce n'est que lorsqu'elle revint dans son village natal de Wakasa qu'elle mourut à l'âge de 800 ans.

Kitsune

Le mot japonais pour "renard" est appelé "kitsune" dans la langue maternelle du pays. Le folklore japonais met souvent en scène des renards, et le terme "kitsune" est utilisé pour les désigner. Les renards légendaires sont souvent décrits comme des créatures très intelligentes dont les capacités paranormales augmentent avec l'âge. Tous les renards, selon le folklore ykai, ont la capacité de prendre des caractéristiques humaines. Les Kitsune, comme les renards dans le folklore, sont parfois décrits comme de rusés filous, mais aussi comme de loyaux gardiens, amis, amants et épouses dans d'autres histoires.

Dans le Japon ancien, les renards et les humains partageaient une relation étroite qui a donné naissance à plusieurs fables sur ces deux espèces. On pense que les Kitsune sont les messagers du "kami" ou "esprit" Shinto Inari. L'importance du renard en tant qu'animal spirituel s'est accrue en raison de cette position.

Si un kitsune a plus de neuf queues, cela indique une créature plus âgée, dotée d'une plus grande sagesse et d'une plus grande force. Certaines personnes les traitent comme une divinité et leur offrent des sacrifices en reconnaissance de leur potentiel de grandeur et d'influence.

Au lieu d'être considérés comme des "animaux sorciers", les renards étaient vus comme de dangereux lutins à l'époque de la superstition japonaise connue sous le nom d'Edo (1603-1867). (comme certains blaireaux et chats).

Mythologie et légendes

Il est courant que les histoires de kitsune se concentrent sur la punition des mauvaises personnes telles que les prêtres, les marchands avides et les fanfarons. Pour ce faire, ils trompent leurs victimes avec des bruits et des images fantômes, les volent ou les humilient en public. La possession d'une Kitsune a été liée à une variété de troubles mentaux (connus sous le nom de kitsune-Tsu-ki). Les "feux de renard" ou "flammes illusoires" sont censés être créés

par leur magie et sont connus sous le nom de "kitunebi" ou "feu de renard".

Capacités

Il est courant pour les Kitsune d'exercer une magie extrêmement puissante, et ils sont particulièrement connus pour leurs pouvoirs de charme, d'illusion, de possession et de contrôle de l'esprit.

Transformation/Changement de forme

Les métamorphes connus sous le nom de Kitsune sont très intelligents et immensément forts. Il n'est pas rare qu'ils terrorisent les humains en prenant l'apparence de créatures gigantesques ou terrifiantes, que ce soit pour plaisanter ou pour des motifs plus sinistres. Beaucoup d'entre eux se font passer pour de séduisantes femmes humaines pour faire des farces aux jeunes hommes, car ils sont si habiles à se transformer en l'apparence de certains individus. Un mariage humain par inadvertance a eu lieu plus d'une fois en conséquence. En fait, certains kitsune passent la majeure partie de leur vie comme des êtres humains, portant des noms et des traditions humains, travaillant dans des professions humaines et ayant même leur propre famille. Il existe plusieurs cas où la vraie nature d'un kitsune peut être révélée par sa queue, une plaque de fourrure ou des crocs, ou tout autre trait du genre vulpin.

Apparition

Les Kitsune, terme japonais désignant les renards, peuvent être trouvés dans tout le Japon et sont pratiquement impossibles à distinguer des renards sauvages que l'on trouve dans le monde entier. La plupart des gens les trouvent adorables en raison de leur petite taille et de leurs traits adorables.

Il n'est pas rare que les yokai kitsune aient plusieurs queues. Ils peuvent être représentés comme bipèdes si on le souhaite. Les Kitsune, lorsqu'ils prennent leur forme humaine, sont connus pour leur aspect séduisant. Dans le folklore japonais, Tamamo no Mae est l'une des kitsunes les plus connues.

Le comportement

Les renards malicieux, les Kitsune, sont fréquemment représentés comme des animaux sauvages et parfois maléfiques. Parfois, ils sont même considérés comme de puissants sorciers qui utilisent leurs capacités à des fins maléfiques par d'autres. Malgré cela, ils ont la réputation de tenir leur parole, de rembourser leurs dettes et de chérir leurs relations personnelles avec les autres.

La variation d'Inari

Les Inari, un autre type de Kitsune, sont distincts des Kitsune. Il s'agit d'une espèce distincte de créature ressemblant à un renard qui est vénérée au Japon comme messager des dieux et défenseur des sanctuaires. Selon les légendes, les renards célestes, qui servent d'intermédiaires entre le royaume céleste et le royaume humain,

peuvent transmettre la sagesse ou servir les bons et les dévots. De nombreuses personnes et de nombreux lieux sont protégés par ces renards, qui sont connus pour apporter la bonne fortune et éloigner les mauvais esprits. Les temples Shinto présentent fréquemment des sculptures de ces renards célestes.

Tanuki

Les chiens ratons laveurs japonais, ou Tanuki, sont des animaux réels qui ont la réputation d'être magiques et espiègles. Les Tanuki causent rarement des dommages sérieux aux humains, ce que certains attribuent au fait qu'ils manquent d'intelligence pour concocter des plans vraiment dangereux, mais ils ne sont jamais à court de farces et de bons moments.

Mythologie et légendes L'apparition

Il n'est pas surprenant que les chiens viverrins ressemblent à un croisement entre un petit chien et un véritable raton laveur. Leur fourrure est si longue et luxuriante qu'ils peuvent sembler beaucoup plus grands qu'ils ne le sont en réalité. Son apparence de tricheur ou de bandit est donnée par le masque de fourrure noire qui recouvre ses yeux. Sa queue courte et bouffante et ses pattes semblables à celles d'un chien en font un animal de compagnie populaire.

Les Tanukis, qui sont dotés de pouvoirs magiques, possèdent huit caractéristiques uniques qui les distinguent du reste de leur espèce. Ils portent un chapeau à larges bords en guise de protection contre la malchance et les éléments. Une bouteille de saké, une boisson

alcoolisée à base de riz, est tenue dans une main pour représenter la vertu, tandis qu'un billet à ordre est tenu dans l'autre. Ils ont un scrotum massif qui signifie la richesse et un gros estomac qui symbolise la sérénité et l'esprit de décision dans leurs yeux énormes et leurs queues duveteuses, respectivement. Enfin, ils ont un sourire accueillant et vivant qui invite les gens à se joindre à eux pour s'amuser.

Les capacités

Dans l'art de la tromperie, les chiens viverrins sont des maîtres. D'une vieille femme tordue à une bouteille de vin blanc, ils peuvent prendre la forme qu'ils désirent. En plus de transporter des personnes et de lancer de minuscules malédictions, ces magiciens rusés sont également experts en la matière.

Le comportement

Ils aiment utiliser de petites rimes pour entraîner les autres dans leurs jeux, qui se terminent toujours par l'agacement ou la honte lorsqu'ils sont déguisés en autre chose. Ils utilisent souvent des parapluies ou des gâteaux de riz charmés pour tromper les victimes sans méfiance et les inciter à les toucher, ce qui entraîne un voyage magique dans les bois. Quelques-unes de leurs malédictions les plus populaires rendent les individus malheureux en les faisant courir le long de collines ou en les faisant courir après des objets magiques.

L' origine

On pense que le mythe des dieux léopards métamorphosés des Tanuki est issu du folklore chinois ancien, qui a inspiré la création des capacités magiques des Tanuki. Le dangereux léopard n'étant pas disponible au Japon, les chercheurs japonais ont utilisé d'autres animaux comme des chats errants, des blaireaux, des belettes et même des sangliers comme substituts. Il est arrivé un moment où ces pouvoirs magiques ne pouvaient se manifester que par l'intermédiaire d'animaux, et le chien viverrin et le renard sont devenus les porteurs les plus privilégiés.

Au Japon, la déification des animaux a été considérée comme primitive lorsque le bouddhisme s'y est implanté. Seules les créatures affiliées aux dieux, comme les renards et les serpents, pouvaient être considérées comme fortes. En tant que divinité autrefois vénérée, le chien viverrin est devenu un filou comique et incompétent.

CHAPITRE 5

LES ESPRITS ET FANTÔMES

Les Yokai sont une catégorie de monstres surnaturels, d'esprits et de démons de la mythologie japonaise. Les caractères signifiant "envoûtant", "attirant", "calamité", "spectre", "apparition", "mystère" et "suspect" composent le terme "Yokai".

On les appelle aussi ayakashi, Mononoke, mamono et youma. Les yokai peuvent être tout, du maléfique au ludique, mais ils peuvent aussi offrir une bonne fortune aux personnes qui les rencontrent.

Les Types

Dans le folklore japonais, il existe de nombreux types de yokai. En général, le terme yokai est un terme large qui peut être utilisé pour

désigner presque tous les monstres ou figures surnaturelles, y compris les créatures de la légende européenne.

Des Animaux

De nombreux animaux natifs du Japon sont réputés posséder des capacités magiques. La majorité d'entre eux sont des henge, des métamorphes qui apparaissent fréquemment sous forme humaine, généralement des femmes. Voici quelques-uns des animaux yokai les plus connus:

1. Tanuki (chiens viverrins ensorcelés)
2. Kitsune (renards ensorceleurs)
3. Tsuchinoko (serpents ensorcelants)
4. Mujina (ensorceler les blaireaux)
5. Bakeneko (chats ensorcelés)
6. Tsuchigumo et jorōgumo (araignées)

7. Inugami (chiens divins)

8. Kappa (monstres de rivière)

9. Kotobuki (hybride d'animal du zodiaque)

10. Kodama (gardiens d'arbres)

Les transformations humaines

Un grand pourcentage de yokai étaient des humains autrefois ordinaires qui ont été convertis en quelque chose de hideux et de laid, généralement alors qu'ils étaient dans un état très émotionnel.

Les Oni féminins, représentés par les masques hannya, étaient considérés comme se transformant en femmes souffrant de jalousie aiguë.

D'autres transformations humaines ou yokai humanoïdes incluent:

Rokurokubi (humains capables d'allonger leur cou pendant la nuit)

Ohaguro-mieux (généralement une femme, qui se retourne pour révéler un visage avec seulement une bouche noircie)

Futakuchi-onna(unefemmeavecunebouche supplémentaire vorace à l'arrière de sa tête)

Dorotab est le numéro quatre (le cadavre ressuscité d'un agriculteur qui hante sa terre maltraitée).

Les Autres

Certains yokai, par exemple, ont des habitudes particulièrement spécialisées:

1. Azukiarai (un yokai que l'on voit fréquemment laver des haricots azuki)

2. Akaname (que l'on ne trouve que dans les salles de bains sales et qui passe son temps à lécher les saletés laissées par les propriétaires peu soigneux).

3. Tofu Kozo (un petit moine qui porte une assiette avec un bloc de tofu)

Bakeneko et Nekomata

Les youkai sont des êtres mythiques du folklore japonais. Ils existent depuis des centaines d'années et sont toujours bien vivants dans la culture populaire. Les youkai existent sous différentes formes et tailles, qu'ils soient amicaux ou malveillants. Nous allons consulter le guide des youkai pour en savoir plus sur Bakeneko et Nekomata.

Le Bakeneko et sa version adulte et plus puissante, le Nekomata, seront abordés. Partout dans le monde, les chats ont toujours été à la frontière délicate entre le bien et le mal. Cela peut être dû à leurs yeux lumineux de type surnaturel, à leur mode de vie nocturne et à leur attitude.

Bakeneko

L'histoire de la genèse de Bakeneko est tragique. Dans le Japon ancien, on croyait qu'un chat de plus de sept ans cherchait à tuer son maître. Avec la domestication croissante des chats, la question de la durée de vie d'un chat a coexisté avec la décision de l'adopter ou non. Bakeneko, selon notre guide du youkai, est un chat malveillant qui est revenu d'entre les morts pour maudire son propriétaire.

Les Bakeneko ressemblent à des chats classiques mais possèdent la capacité de se transformer en humains, de danser et de communiquer en langage humain. Le poison et l'huile de lampe sont leurs aliments préférés.

À l'époque, les gens trouvaient peut-être inhabituel de boire de l'huile de lampe, mais on ne peut pas en vouloir au chat, car l'huile utilisée pour les lampes était de l'huile de poisson. À l'époque Edo (1603-1886), les gens croyaient que les chats à longue queue pouvaient ensorceler les humains. Ils ont donc

décidé de les couper. L'âge est également vital pour un Bakeneko, selon le guide du youkai; plus le chat est âgé, plus il est puissant.

Le Bakeneko est réputé pour son espièglerie. Cependant, les Bakeneko sont connus pour s'entendre avec leurs parents humains, à condition que leur transformation en Bakeneko soit indolore. Vous devez traiter les chats avec respect si vous voulez en rencontrer un sympathique.

Nekomata

Le Nekomata est le prochain youkai de notre guide. Le Nekomata, souvent connu sous le nom de " chat fourchu ", est une sorte de Bakeneko. Ces animaux, par contre, sont beaucoup plus puissants et méchants. Lorsqu'un Bakeneko atteint un âge avancé et que sa queue est anormalement longue, celle-ci se sépare en deux, ce qui donne naissance à un Nekomata. Ces derniers commencent à marcher sur deux jambes et à parler en langage humain. Malgré le fait qu'ils copient les humains, les Nekomata se perçoivent comme étant meilleurs à tous points de vue. En fait, ils prennent plaisir à taquiner les humains et à semer la pagaille partout où ils vont. Leurs capacités incluent la possibilité de créer du feu, de manipuler les morts et de changer de forme. La liste est longue, alors gardez un œil dessus!

Les chats domestiqués ont évolué vers la ville de Nekomata. Par conséquent, ils ont une compréhension plus profonde des gens et savent comment les manipuler. En raison de leur apparence séduisante, on a longtemps cru que certaines courtisanes étaient des Nekomata déguisés. Ils utilisaient cette charmante silhouette

humaine pour attirer les autres vers la mort. Les traits félins suscitent toujours un étrange sentiment de beauté dans le Japon moderne.

Les Nekomata des montagnes sont apparus bien plus tôt que leurs homologues des villes pendant la période Kamakura (1185-1333). Les Nekomata étaient un type de bête qui résidait dans les montagnes et s'attaquait aux gens. Ils étaient caractérisés comme de grands chiens aux yeux perçants et aux longues griffes acérées. Il existe des preuves fossiles d'un tigre préhistorique vivant dans l'ancien Japon; par conséquent, le Nekomata des montagnes n'est peut-être pas une bête mythique.

Pendant l'ère Edo, il y avait des chats démoniaques.

De nombreux articles de journaux concernant Nekomata et Bakeneko sont parus au milieu de la période Edo. L'histoire d'une famille de samouraïs en 1708 est bien connue. Leur maison était envahie par un fantôme maléfique, et la hantise a finalement pris fin lorsque le chat de la famille est mort. En le regardant, ils ont constaté que le chat avait deux queues. L'ère Edo étant une période où les histoires de fantômes étaient à leur apogée, les gens évitaient les montagnes car ils en avaient déjà beaucoup. Cela a ravivé l'idée que les chats pouvaient se transformer en démons. Il semble que les gens de l'ère Edo aimaient les histoires terrifiantes.

L'art du Nekomata gagne en popularité. En raison de l'association entre Nekomata et les courtisanes, certaines images de chats vêtus de jolis kimonos sont devenues des gravures populaires. D'autres illustrations ont été incluses dans le "Hyakkai Zukan" (le volume illustré de cent démons) de l'artiste Sawaki Suushi. Les valeurs et la

culture traditionnelles continuent d'influencer l'art aujourd'hui, comme en témoignent ces dessins.

Neko Musume

Neko Musume est un mot japonais qui se traduit librement par "fille de chat" ou "fille de chat". Ce sont des entités surnaturelles qui n'ont aucun lien avec Bakeneko de Nekomata. On dit qu'elles sont des demi-hommes ou des personnes qui ont été possédées par un chat. Une histoire de Neko Musume est devenue célèbre dans les années 1850. Matsu, une petite fille du roman, était régulièrement vue courant à quatre pattes. Elle se lavait comme un chat et se déplaçait comme un chat. Ce serait certainement un spectacle choquant! D'autres histoires d'hybrides homme-animal ont été populaires par la suite, mais le Neko Musume a été le premier de son genre.

Dans la culture contemporaine,

De nos jours, les Nekomata et les Bakeneko ont évolué vers des versions plus charmantes de leurs anciennes personnalités malveillantes. Les mangas, les anime, les films et les romans ont tous contribué à l'histoire des chats démoniaques. Il existe également une montagne dans la préfecture de Toyama connue sous le nom de montagne Nekomata, ainsi qu'un pic dans la préfecture de Fukushima connu sous le nom de pic Nekomata. Le manga "Gegege no Kitaro" est probablement le portrait le plus connu d'une Neko Musume. Mais elle n'est pas le seul personnage connu

qui tient ses capacités d'un chat. On peut penser à de nombreux personnages de fiction dotés de capacités félines, j'en suis sûr.

Yuki-Onna

La Yuki-Onna est une femme fantôme des neiges qui est considérée comme d'une beauté inhumaine et dont les yeux peuvent terrifier les humains qui se perdent en errant dans les montagnes glacées. Elle glisse dans la neige, ne laissant aucune trace de sa présence.

La Description

Yuki-Onna apparaît comme une grande et belle femme aux longs cheveux noirs et aux lèvres bleues pendant les nuits d'hiver. Comme on le voit notamment dans Kwaidan: Stories and Studies of Strange Things de Lafcadio Hearn, son teint inhumainement pâle ou presque translucide se fond dans l'environnement hivernal. Elle porte parfois un kimono blanc, tandis que d'autres histoires la dépeignent nue, avec juste son visage et ses cheveux visibles sur la neige. Ses yeux, malgré sa beauté surnaturelle, peuvent terrifier les mortels. Elle glisse sur la neige, sans laisser de traces (certaines légendes prétendent qu'elle n'a pas de pieds, une caractéristique partagée par de nombreux fantômes japonais), et elle peut se transformer en un nuage de brume ou de neige si elle se sent menacée.

Selon le folklore, la Yuki-onna est le fantôme d'une personne morte dans la neige, car elle est liée à l'hiver et aux tempêtes de neige. Elle est à la fois belle et calme, mais cruelle lorsqu'il s'agit de massacrer d'innocents mortels. Jusqu'au XVIIIe siècle, elle était

presque universellement représentée comme malveillante. Les légendes actuelles, en revanche, tendent à la dépeindre comme plus humaine, soulignant son caractère fantomatique et sa beauté fugace.

Yuki-onna vient à la rencontre des voyageurs bloqués dans les tempêtes de neige et utilise son souffle glacial pour les transformer en cadavres recouverts de givre, selon plusieurs récits. D'autres traditions prétendent qu'elle les égare, les faisant périr de froid. Elle semble également bercer un enfant à certains moments. Ils sont enfermés sur place lorsque des individus au grand cœur lui arrachent l'"enfant". Les parents à la recherche de leurs enfants disparus sont particulièrement vulnérables à ce stratagème. Yuki- onna devient considérablement plus hostile à la suite d'autres contes. Dans ces histoires, elle s'introduit fréquemment dans les maisons des gens, défonçant la porte d'un coup de vent et les tuant pendant leur sommeil (certaines légendes exigent qu'elle soit d'abord invitée à entrer).

L'onna de Yuki-quest diffère d'une histoire à l'autre. Parfois, elle se contente de regarder sa victime mourir. Elle peut aussi être vampirique et sucer le sang ou l'"énergie vitale" de ses victimes. Elle adopte parfois un comportement semblable à celui d'une succube, s'attaquant aux hommes de faible volonté et les vidant ou les gelant par le sexe ou un baiser.

Yuki-onna, comme la neige et le froid qu'elle représente, a un côté plus doux. Pour différentes raisons, elle laisse parfois partir des victimes potentielles. Par exemple, dans une mythologie populaire de Yuki-onna, elle libère un petit enfant en raison de sa beauté et de

son âge. Elle lui fait jurer de ne jamais parler d'elle, mais plus tard dans sa vie, il raconte l'histoire à sa femme, et elle se révèle être la femme des neiges. Elle le réprimande pour avoir violé son vœu, mais elle l'épargne à nouveau, cette fois par souci pour leurs enfants (bien qu'elle le prévienne que s'il maltraite leurs enfants, elle se vengera). Il a de la chance, car il est un parent gentil). Dans certaines versions, elle a choisi de ne pas l'assassiner parce qu'il le lui a dit, ce qu'elle n'a pas considéré comme un vœu violé (techniquement, Yuki-Onna elle-même n'est pas un humain et ne compte donc pas). Yuki-onna, dans une tradition similaire, disparaît lorsque son époux se rend compte de sa véritable identité. Elle se rend toutefois dans l'au-delà de la même manière.

Minokichi et Mosaku, deux bûcherons, ont vécu il y a longtemps. Minokichi était un enfant, et Mosaku était une personne âgée.

Un jour d'hiver, ils n'ont pas pu rentrer chez eux à cause des chutes de neige. Ils arrivèrent à un chalet dans les montagnes et décidèrent d'y passer la nuit. Ce soir-là,

Mosaku se réveilla pour trouver une charmante dame vêtue de blanc. Mosaku est mort de froid lorsqu'elle a soufflé sur lui.

Elle s'est ensuite approchée de Minokichi pour souffler sur lui, mais après quelques instants de regard fixe, elle a déclaré: "J'étais sur le point de vous assassiner, tout comme ce vieux type, mais je ne le ferai pas puisque vous êtes jeune et charmant. Cet incident ne doit être discuté avec personne. Je vous tuerai si vous parlez de moi à quelqu'un."

Minokichi a rencontré et épousé Oyuki, une charmante jeune fille, quelques années plus tard. Elle était une excellente épouse.

Minokichi et Oyuki ont eu une grande famille et ont vécu heureux pendant longtemps. Elle ne semblait pas vieillir du tout.

Minokichi a déclaré à Oyuki un soir après que les enfants soient allés se coucher: "Chaque fois que je te vois, je me souviens d'un événement étrange qui m'est arrivé. Quand j'étais plus jeune, j'ai rencontré une charmante jeune femme qui me faisait penser à vous. Je ne sais pas si elle était une Yuki-onna ou si c'était un rêve."

Oyuki s'est brusquement levée après avoir conclu son récit et s'est exclamée: "J'étais la femme que tu as rencontrée ! Je t'avais prévenu que si tu informais quelqu'un de ce qui s'était passé, je te tuerais. Je ne peux pas te tuer, cependant, à cause de nos enfants. S'il vous plaît, cherchez nos enfants..." Elle s'est ensuite dissoute et a disparu. On ne l'a jamais revue.

Rokurokubi

Rokurokubi (, Rokurokubi) est un personnage de yokai japonais. Ils sont fréquemment représentés dans les portraits de yokai et apparaissent dans les Kaidan et les essais traditionnels, bien qu'il ait également été suggéré qu'ils aient pu être simplement inventés comme un passe-temps pour inventer des histoires étranges.

La Description

Les récits de "cou de personnes s'étirant pendant leur sommeil" sont apparus pour la première fois dans la littérature pendant la période Edo et par la suite, dans des ouvrages tels que "Buya Zokuda", "Kanden Khitsu", "Yas Kidan", etc.

Cette forme de rokurokubi est basée sur les traditions selon lesquelles les rokurokubi (nukekubi) avaient une sorte de corde spirituelle reliant leur tête à leur torse, et il est possible que les gens aient pris cette corde (comme le montrent les œuvres d'artistes comme Sekien) pour un cou allongé.

L'histoire suivante se trouve dans le "Kasshi Yawa". Lorsque le maître de cette servante allait la voir pendant son sommeil, quelque chose comme de la vapeur montait progressivement de sa poitrine, et lorsqu'elle devenait assez épaisse, sa tête disparaissait, et son apparence se transformait en un cou soulevé et étiré sous les yeux. Lorsque la servante s'est retournée dans son lit, son cou est redevenu normal, peut-être parce qu'elle était consciente de la présence de son maître choqué. Cette servante n'avait rien de particulier, et à part son teint pâle, elle ressemblait exactement à n'importe quel autre humain, mais son seigneur l'a renvoyée. Elle était toujours renvoyée, où qu'elle aille, et par conséquent, elle avait du mal à trouver du travail. Dans une étude psychique, ce "Kashi Yawa" et le "Hokus Sadan" susmentionné, où les esprits quittent le corps sous la forme d'un cou, ont été compris comme une sorte d'"ectoplasme".

On dit que les Rokurokubi proviennent du karma humain dans le yomihon de la fin de la période Edo "Rekkoku Kaidan Kikigaki Zshi" () du célèbre écrivain Jippensha Ikku. Kaishin, un moine d'Ensh, et Oyotsu, une dame d'Ensh, se sont enfuis, mais Oyotsu s'est évanouie à cause de la maladie, et ils n'avaient plus d'argent pour le voyage, alors il l'a assassinée. Lorsque Kaishin revint à la vie séculière et fut attiré par une fille d'une auberge où il séjournait, le cou de la fille s'allongea et son visage se transforma en celui

d'Oyotsu, et elle lui fit part de son mécontentement. Kaishin a eu du ressentiment envers le passé et s'est confié au père de la fille à propos de tout. Celui-ci lui dit qu'il avait déjà tué une femme et volé son argent, puis utilisé cet argent pour ouvrir cette auberge, mais que la fille née après était destinée à devenir une rokurokubi à cause du karma. Kaishin réintégra le sacerdoce bouddhiste et érigea la sépulture d'Oyotsu, connue sous le nom de "tertre de Rokurokubi", et raconta ensuite l'histoire à d'autres personnes.

Il existe également une légende selon laquelle les rokurokubi ne sont pas des yokai mais plutôt des humains présentant un type de condition corporelle anormale. L'essai de Ban Kkei sur la période Edo intitulé "Kanden Khitsu" donne l'exemple d'une histoire à Shin Yoshiwara où une certaine geisha avait le cou étiré pendant son sommeil, affirmant qu'il s'agissait d'une condition corporelle où son cœur se détachait et où son cou s'étirait.

Les rokurokubi sont mentionnés non seulement dans la littérature mais aussi dans les traditions orales, et il est dit qu'un serpent s'est transformé en rokurokubi sur une ancienne route entre les villages d'Iwa et d'Akechi dans la préfecture de Gifu. Un rokurokubi est arrivé chez quelqu'un, selon une histoire orale à Koikubo à Iida, dans la préfecture de Nagano.

Au cours de l'ère Bunka, un conte Kaidan raconte l'histoire d'une prostituée qui dormait avec des invités et qui, une fois l'invité endormi, s'allongeait doucement et aspirait l'huile des lanternes en papier. Les rokurokubi étaient donc considérés comme des choses dans lesquelles les femmes se transformaient ainsi, ou comme une sorte de maladie étrange. À cette époque, les rokurokubi étaient très

populaires en tant qu'objets de foire. Il y a une remarque dans le "Shoh Kenbunroku" selon laquelle, en 1810, une maison de spectacle de monstres dans un quartier d'Edo avait véritablement un type avec un long cou qui était connu comme un rokurokubi.

Il existe des histoires de rokurokubi qui remontent à la période Meiji. On raconte qu'au début de l'ère Meiji, une famille de marchands de la ville de Shibaya, à Ibaraki, dans la préfecture d'Osaka, a vu le cou de sa fille s'étirer toutes les nuits, et que cela n'a eu aucun effet, même en s'appuyant sur le shinto et le bouddhisme, et que finalement, les habitants de la ville l'ont appris, et le couple n'a plus pu rester là, et ils ont déménagé, ne laissant aucune trace de leur passage.

Onna Futakuchi

Futakuchi-Onna (, Futakuchi-Onna) est un yokai doté de deux bouches, l'une sur son visage et l'autre sous ses cheveux à l'arrière de sa tête. Le crâne de la femme s'ouvre à cet endroit, générant des lèvres, des dents et une langue, formant une seconde bouche entièrement fonctionnelle.

La Description

La futakuchi-onna, comme la rokurokubi, la kuchisake-onna et la Yama-uba dans la mythologie et le folklore japonais, est une femme qui est maudite ou infectée par une maladie mystérieuse qui la transforme en yokai. L'essence magique des femmes de ces légendes est souvent cachée jusqu'au moment final où leur véritable personnalité émerge.

La taille de la bouche d'une futakuchi-onna est souvent liée à la quantité de nourriture qu'elle consomme. Dans de nombreuses légendes, la future futakuchi-onna est la femme de la maîtresse qui mange rarement. Pour contrebalancer cela, une deuxième bouche surgit de nulle part dans le dos de la femme. La seconde bouche de la femme marmonne fréquemment des mots haineux et menaçants et exige d'être nourrie. Elle peut pousser des cris obscènes et infliger à la femme une atroce agonie si elle n'est pas nourrie. Les cheveux de la femme finissent par se mettre à bouger comme une paire de serpents, permettant à la bouche de se servir dans sa nourriture. Alors que ses lèvres normales ne reçoivent aucune nourriture, la bouche située à l'arrière de son crâne avale deux fois plus que l'autre. La bouche supplémentaire est développée dans un autre mythe lorsqu'une femme avare est frappée par inadvertance à la tête par la hache de son mari alors qu'il coupe du bois, et que la blessure ne guérit jamais. Dans certaines versions, la dame est représentée comme une mère qui laisse son beau-fils mourir de faim alors qu'elle nourrit ses propres enfants ; on peut supposer que l'esprit de l'enfant négligé se loge dans le corps de la belle-mère ou de la fille survivante pour se venger.

Les familles qui observent que leurs réserves de nourrit-ure s'amenuisent à un rythme alarmant, mais les dames de leur maison qui mangent à peine une bouchée peu-vent être infectées par le futakuchi onna. Les Futakuchi onna semblent être des femmes ordinaires jusqu'à ce que leur horrible secret soit révélé : une deuxième bouche, avec des lèvres et des dents énormes et grass-es, est cachée derrière les longs et épais cheveux à l'arrière de leur tête. Cette seconde bouche est vorace et se nourrit de toute

nourriture qu'elle peut trouver en utilisant de longues mèches de cheveux comme tentacules.

Près d'une petite ville rurale de Fukushima, vivait un avare égoïste qui vivait tout seul parce qu'il ne pouvait pas affronter l'idée de payer de la nourriture pour élever une famille. Un jour, il a rencontré une femme qui ne mangeait rien du tout et a cru par erreur qu'elle était sa femme. L'avare était aux anges avec elle puisqu'elle ne mangeait jamais rien et qu'elle était toujours une travailleuse assidue. Cependant, ses réserves de riz s'épuisaient lentement, et il ne savait pas pourquoi puisqu'il n'avait jamais vu sa femme manger. Un jour, l'avare fit semblant d'aller travailler, mais il resta en réalité à la maison pour surveiller sa nouvelle épouse. Elle détacha ses cheveux, montrant une deuxième bouche à l'arrière de son crâne, avec d'horribles lèvres et des crocs. Ses cheveux se mirent à pelleter des boulettes de riz dans la seconde bouche avec des tiges ressemblant à des tentacules, roucoulant de joie dans un son infect et grinçant.

L'avare fut consterné, et il décida de divorcer de sa femme. Mais, avant qu'il ne puisse mettre son plan à exécution, elle le découvrit et l'emprisonna dans une baignoire, qu'elle traîna dans les montagnes. L'avare a pu s'enfuir et se cacher dans un marais de lis très odorants, où la futakuchi-onna n'a pas pu le localiser.

Un autre mythe parle d'une belle-mère cruelle qui donnait beaucoup de nourriture à sa propre fille mais jamais assez à sa belle-fille. La belle-fille est devenue de plus en plus malade jusqu'à ce qu'elle meure de faim. La méchante belle-mère a développé un horrible mal de tête quarante-neuf jours plus tard. Des lèvres, des dents et une

langue se formèrent tandis que l'arrière de sa tête s'ouvrait. Tant qu'elle n'était pas nourrie, la nouvelle bouche souffrait d'une angoisse atroce et gémissait de la voix de la défunte belle-fille. La belle-mère a dû nourrir ses deux bouches à partir de ce moment-là, et elle était toujours consciente de la faim de la belle-fille qu'elle avait assassinée.

Kasa-obake

Dans le folklore japonais, le Kasa-obake est un fantôme mythologique ou yokai. Ils sont parfois, mais pas habituellement, désignés sous le nom de tsukumogami, qui sont des parapluies anciens transformés. "Karakasa-obake", "kasa-bake" et "karakasa koz" sont d'autres noms pour les désigner.

Ils sont généralement représentés comme des parapluies avec un œil et sautant sur une jambe, bien qu'ils puissent aussi avoir deux bras ou deux yeux, entre autres traits, et ils peuvent même avoir une longue langue. En de rares occasions, ils ont deux pieds, comme le représentent les yokai emaki, tels que le "Hyakki Yagyo Zumaki".

Dans le Hyakki Yagyo Emaki de la période Muromachi, on peut voir des yokai qui ressemblent à des parapluies ; cependant, cet emaki présentait un yokai humanoïde avec seulement un parapluie sur la tête, ce qui lui donne une apparence différente de celle d'un Kasa- obake. Les kasa-obake avec un œil et un pied sont apparus dans les Obake karuta de la période Edo à la période Taish, tandis que les kasa-obake avec un pied ont été fréquemment vus dans les Obake karuta de la période Edo à la période Taish. Un kasa-obake a été

montré comme "un pied de Sagizaka (, Sagazaka no Ippon Ashi)" dans le yokai sugoroku "Mukashi-banashi Yokai Sugoroku de la période Ansei. On peut observer que seul le yokai du parapluie est resté connu longtemps après l'ère Edo, et on prétend qu'il est le yokai d'un objet le plus connu parmi les divers yokai d'objets non vivants ou immobiles décrits dans le "Hyakki Yagyo Emaki".

Ils apparaissent fréquemment dans des légendes et des caricatures, et bien qu'ils soient des yokai particulièrement connus, ils ne sont mentionnés dans aucun récit de témoin oculaire dans le folklore, et il n'est pas clair quel type de yokai ils sont. Ils sont considérés comme des yokai qui n'apparaissent que dans des histoires inventées ou qui n'existent que sur des photographies, car la littérature les concernant n'est pas étayée par des contes populaires. Après la guerre, on a également pensé qu'ils étaient une forme d'existence au même titre que les personnages de mangas. Lorsque Hyakumonogatari Kaidankai est devenu célèbre à l'époque d'Edo, on a demandé aux conteurs de raconter de nouvelles histoires sur des yokai qui n'étaient pas encore bien connus dans la société, et il s'agissait donc d'un yokai créé par les humains, selon une théorie.

Il existe une école de pensée selon laquelle, au fil des mois et des années, ces outils vieillissent et ont la capacité de devenir des apparitions. Ceux-ci sont connus sous le nom de tsukumogami, et certains ouvrages considèrent que ce yokai est l'un d'entre eux. Cependant, aucune littérature classique ou aucun écrit classique n'a été trouvé pour soutenir cette affirmation.

Ils sont devenus un personnage symbolique pour les représentations d'obake et de maisons hantées après la guerre, et ils sont couramment utilisés comme personnages dans les anime, les bandes dessinées et les films ayant pour thème les yokai, et sont également griffonnés par les jeunes.

Kuchisake onna

Dans la mythologie et les contes urbains japonais, la Kuchisake- onna (" femme à la bouche fendue ") est une créature maléfique. Elle est décrite comme l'esprit méchant d'une femme, ou Onryō, qui porte un masque ou autre chose sur son visage et porte un instrument tranchant. Elle est fréquemment caractérisée comme ayant de longs cheveux noirs raides, un teint pâle, et étant généralement attirante (sauf pour sa cicatrice). Elle a été qualifiée de yōkai moderne.

Elle demande à ses victimes potentielles si elles la trouvent séduisante, selon la mythologie. Si elles répondent "non", elle les assassine avec ses longs ciseaux médicaux. Si elles répondent "oui", elle montre que les commissures de ses lèvres sont fendues d'une oreille à l'autre, et elle repose la même question. Si la personne répond "non", elle utilisera son arme pour la tuer, et si elle répond "oui", elle lui entaillera les commissures des lèvres d'une manière qui reflète sa propre déformation. Répondre à sa question en qualifiant son apparence d'"ordinaire" ou la détourner avec de l'argent ou des bonbons durs sont deux méthodes pour survivre à une rencontre avec Kuchisake-onna.

Les légendes et mythes

Les âmes de ceux qui ont été tués de manière exceptionnellement brutale - épouses maltraitées, prisonniers torturés, adversaires vaincus - sont fréquemment troublées. Kuchisake onna est l'un de ces esprits, le fantôme d'une dame défigurée qui est revenue se venger sur la terre.

"Watashi, Kirei" Kuchisake onna s'approche de ses victimes dans l'obscurité et leur demande si elles la trouvent séduisante : "Watashi, Kirei ?" Si la victime répond par l'affirmative, elle enlève son masque, révélant une horrible bouche cramoisie, dégoulinante de sang. Puis elle demande, sur un ton horrible, s'ils croient toujours qu'elle est une démo coréenne : "Démo coréenne ?" Si la victime refuse ou pleure d'horreur, elle lui tranche le visage d'une oreille à l'autre, le faisant ressembler à elle. S'il ment et dit oui une deuxième fois, elle s'en va, pour ensuite retrouver sa victime et l'assassiner brutalement la nuit même.

L'apparition

Son nom vient de l'entaille profonde et sanglante qui traverse son visage et qu'elle porte avec un sourire jusqu'aux oreilles. Elle apparaît aux voyageurs solitaires sur la route la nuit, portant un masque de tissu, un éventail ou un mouchoir sur ses lèvres hideuses.

Les Contre-mesures

Plusieurs jeunes gens brillants affirment avoir été plus malins qu'elle en donnant des réponses rapides et ambiguës ou en lui jetant de

l'argent ou des bonbons durs, gagnant ainsi suffisamment de temps pour fuir sa colère et la perdre dans la nuit.

L'origine

Un nombre considérable d'incidents de kuchisake onna ont été attribués à des Kitsune ayant changé de forme et jouant des tours aux jeunes hommes pendant la période Edo. Au cours du vingtième siècle, les fantômes, les tueurs en série et tout simplement l'hystérie publique ont été mis en cause, ce qui a conduit à de nombreuses observations de kuchisake onna dans tout le Japon.

Le mythe et ses variantes

Kuchisake-onna, selon la tradition, était une dame qui avait les lèvres tranchées d'une oreille à l'autre au cours de sa vie. Dans certaines versions de la légende, Kuchisake-onna était l'épouse ou la maîtresse infidèle d'un samouraï durant sa vie. Son époux lui a tailladé les coins de la bouche d'une oreille à l'autre pour la punir de son adultère. Selon plusieurs versions de l'histoire, sa bouche a été défigurée lors d'un traitement médical ou dentaire, par une femme qui était envieuse de son attrait ou par une femme qui était jalouse de sa beauté.

La dame est réapparue sous la forme d'un fantôme malveillant, ou Onryō, après sa mort. En tant qu'Onryō, elle porte un masque en

tissu (communément appelé masque chirurgical) ou, dans certaines incarnations, un éventail à main ou un mouchoir pour couvrir ses lèvres. Elle brandit une arme tranchante qui a été caractérisée comme un couteau, une machette, une faux, ou un jeu de ciseaux géant. On dit aussi qu'elle a une vitesse surhumaine. "Watashi, Kirei

?" (qui se traduit par "Suis-je jolie ?" ou "Suis-je belle ?") est une phrase qu'elle est censée utiliser pour demander à ses victimes potentielles si elles la trouvent attirante. Si la victime répond "non", elle utilisera son arme pour la tuer, et si elle répond "oui", elle montrera sa bouche abîmée. Elle répète ensuite sa question (ou demande "Kore demo ?", ce qui se traduit par "Même avec ça ?" ou "Même maintenant ?") et tue la victime avec son épée si la personne dit "non" ou hurle de terreur. Si elle reçoit une réponse positive, elle tranche les commissures des lèvres de la personne d'une oreille à l'autre, imitant ainsi sa propre déformation.

L'une des nombreuses stratégies peut être utilisée pour survivre à une confrontation avec Kuchisake-onna. Dans certaines versions du conte, si la victime potentielle répond "oui" à ses deux questions, Kuchisake-onna la laissera tranquille, mais dans d'autres, elle se rendra chez la personne plus tard dans la nuit et l'assassinera pendant son sommeil. D'autres stratégies de survie consistent à répondre à la première question de Kuchisake-onna en décrivant son apparence comme "moyenne", ce qui donne à l'individu suffisamment de temps pour s'enfuir ; à la distraire en lui donnant ou en jetant de l'argent ou des bonbons durs (en particulier le type connu sous le nom de bekko ame, fait de sucre caramélisé) dans sa direction, car elle s'arrêtera pour les ramasser ; ou à dire le mot "pommade" trois fois.

Youri

De nombreuses civilisations accordent une grande valeur aux morts. La mort est pratiquement aussi importante au Japon qu'aux États- Unis. Lorsqu'une personne meurt, son âme est envoyée au yominokuni, l'au-delà shintoïste, ou à l'anoyo, l'au-delà bouddhiste. Cependant, le chemin n'est pas simple, et tout obstacle sur le chemin de cet objectif peut transformer cet esprit en un yūrei (un fantôme japonais).

Ces esprits, pris entre le monde des vivants et celui des morts, ont eu un impact important sur le récit japonais. Légendes, rumeurs, coutumes et énigmes ont été transmises de génération en génération.

La vie après la mort au Japon

On dit qu'un esprit ou une âme existe dans chaque personne, selon les systèmes de croyance traditionnels japonais (reikon). Le reikon (l'âme) quitte le corps après la mort et entre dans une sorte de purgatoire où il attend que les rituels funéraires et post-funéraires appropriés soient accomplis afin qu'il puisse rejoindre les esprits des morts. Au Japon, le reikon est censé protéger la famille vivante et revient chaque année au festival Obon pour être loué.

Par exemple, si une personne meurt soudainement ou violemment, par exemple par meurtre ou suicide, sans que ses derniers rites

aient été accomplis, ou sous l'influence d'émotions fortes telles que le désir de vengeance, l'amour, la jalousie, la haine ou le chagrin, le reikon peut se transformer en yurei et l'aider à retourner dans le monde physique. Il n'est pas nécessaire que le sentiment ou la pensée soit particulièrement puissant ou motivé. Même des idées apparemment inoffensives peuvent provoquer la perturbation d'une mort. Une fois qu'une idée entre dans la tête d'un mourant, son yūrei revient pour terminer l'action à laquelle il a pensé en dernier lieu avant de retourner dans le cycle de réincarnation.

Le yūrei vit alors sur terre jusqu'à ce qu'il puisse être enterré, soit en accomplissant les cérémonies nécessaires, soit en résolvant la lutte émotionnelle qui le lie au royaume physique. Le yūrei continuera à hanter si les rites ne sont pas accomplis, ou si la question n'est pas réglée.

Plus le statut social d'une personne morte violemment ou traitée sévèrement de son vivant était bas, plus elle revenait puissante en tant que yūrei. Le destin d'Oiwa dans Yotsuya Kaidan ou le serviteur Okiku dans Banch Sarayashiki en sont des exemples.

L'apparition

Hyakumonogatari Kaidankai, un jeu célèbre à la fin du XVIIe siècle, a gagné en popularité, et Kaidan est devenu un sujet de prédilection pour le théâtre, la littérature et d'autres formes d'art. Dans sa peinture, Le Fantôme d'Oyuki, l'artiste Ukiyoe Maruyama ōkyo a produit le plus ancien exemple connu du yūrei désormais traditionnel. Le Zensh-an de Tokyo détient la plus grande collection

unique au monde de peintures de yūrei, qui ne sont exposées que pendant le mois d'août, le mois traditionnel de l'esprit.

Aujourd'hui, l'apparence des yūrei est assez cohérente, indiquant rapidement le caractère fantomatique de la figure et confirmant son authenticité culturelle.

- Vêtements blancs : Yūrei porte du blanc pour représenter le kimono funéraire blanc porté lors des cérémonies funéraires de la période Edo. Le blanc est la teinte de la pureté rituelle dans le Shinto, et il est typiquement réservé aux prêtres et aux défunts. Un katabira (un simple kimono blanc non doublé) ou un kyokatabira (un kimono doublé) peut être porté avec ce vêtement (un katabira blanc inscrit de sutras bouddhistes). Un hitaikakushi (lit. "couvre-front"), petite pièce de tissu triangulaire blanche nouée autour de la tête, est parfois porté.

- Les cheveux longs, noirs et désordonnés : Les cheveux d'un yūrei sont fréquemment longs, noirs et désordonnés, ce qui, selon certains, est une marque transmise du théâtre kabuki, où tous les acteurs portent des perruques. Il s'agit d'une idée fausse très répandue : Les femmes japonaises avaient l'habitude de porter leurs cheveux longs et attachés et de ne les laisser tomber que pour les funérailles et les enterrements.

- Les mains et pieds : Les mains d'un yūrei sont

censées pendre sans vie de ses poignets, qui sont maintenus étendus avec les coudes près du torse. Ils n'ont généralement ni jambes ni pieds et glissent dans les airs. Ces caractéristiques ont été observées pour la première fois dans les estampes ukiyo-e de l'ère Edo et ont été immédiatement adaptées au Kabuki. Cette absence de jambes et de

pieds est fréquemment représentée dans le Kabuki par le port d'un kimono extrêmement long ou même par l'élévation de l'artiste dans les airs à l'aide d'un ensemble de cordes et de poulies.

- Hitodama : Les Yūrei sont communément représentés avec une paire de flammes volantes ou will o' the wisps (hitodama en japonais), parfois dans des couleurs effrayantes comme le bleu, le vert ou le violet. Plutôt que d'être des esprits distincts, ces flammes fantomatiques sont différents éléments du fantôme.

Funayûrei

Les funayūrei (ou, littéralement, " esprit du bateau ") sont des fantômes rancuniers (Onryō) devenus des esprits (yūrei) en mer. Ils se sont transmis de génération en génération dans la mythologie japonaise. Ils apparaissent régulièrement dans les histoires de fantômes de la période Edo et d'autres œuvres, ainsi que dans le folklore moderne. Ils sont connus sous le nom d'Ayakashi dans les préfectures de Yamaguchi et de Saga.

Les légendes

Les Funayūrei sont des fantômes dont on dit qu'ils remplissent des vaisseaux d'eau et les font couler en utilisant des hishaku (louches). On prétend qu'ils sont les squelettes d'individus morts dans des naufrages, et qu'ils essaient de recruter des humains pour les

rejoindre. La légende veut qu'il existe de nombreux moyens de se protéger de leurs méfaits, par exemple en jetant des onigiri à la mer ou en fabriquant un hishaku sans le fond. Selon l'endroit, on les appelle aussi mjabune, bko ou ayakashi. Les énormes géants connus sous le nom d'umibzu, qui peuvent être vus loin en mer, sont souvent considérés comme une forme de funayūrei plutôt qu'un type de yōkai.

Leur présence dans le folklore varie considérablement en fonction du lieu. Les légendes mentionnent des fantômes qui apparaissent au-dessus de l'eau, des bateaux qui sont eux-mêmes des fantômes (bateaux fantômes), des fantômes qui apparaissent sur des bateaux occupés par des humains, ou un mélange de ces éléments. Ils ont été caractérisés comme ayant l'apparence d'umibzu ou d'une lumière fantôme ambiante. Il existe de nombreuses histoires de funayūrei émergeant en mer, mais ils ont également été signalés dans les rivières, les lacs et les marais à l'intérieur des terres. Le kechibi, une sorte d'onibi, est communément confondu avec une forme de funayūrei dans la préfecture de Kochi.

Les jours de pluie, les soirs de nouvelle lune ou de pleine lune, les nuits d'orage et les nuits de brouillard sont autant de situations courantes. Le funayūrei lui-même brille de lumière lorsqu'il apparaît comme un bateau, ce qui permet d'établir son existence même la nuit. En outre, le seizième jour de Bon, les morts tenteraient d'atteindre le flanc du bateau et de le couler. On prétend également qu'ils surgissent les soirs de brouillard et tentent de faire chavirer les navires en se faisant passer pour une falaise ou un bateau sans poulie, car s'ils sont surpris et tentent d'y échapper, le navire chavire et s'échoue sur un récif. On pense que le fait de naviguer à travers ces illusions pourrait les faire disparaître.

En plus de tenter de détruire les navires, on prétend qu'ils font échouer la boussole du bateau dans la ville de Ōtsuki, district de Hata, préfecture de Kochi, et que les bateaux de pêche voyageant vers Hokkaido sont transformés en Funayūrei, poussant l'équipage à se pendre dans la préfecture de Toyoma. Dans la préfecture d'Ehime, tenter d'éviter un Funayūrei en modifiant la trajectoire du bateau provoque l'échouage du bateau. Autrefois, les gens allumaient un feu de joie sur la côte pour éviter les naufrages par gros temps. Un Funayūrei, quant à lui, créait un feu en pleine mer pour tromper les bateliers, et s'ils s'approchaient du feu, ils étaient dévorés par la mer et se noyaient.

Selon la région, il existe également de nombreux contes concernant la façon de chasser les Funayūrei. Lorsqu'un Funayūrei arrive dans la préfecture de Miyagi, par exemple, si l'on arrête le bateau et que l'on regarde fixement le Funayūrei pendant un certain temps, il disparaîtra. On prétend également qu'il est efficace de remuer l'eau avec un bâton. Il existe également plusieurs idées sur le fait de jeter des objets dans l'eau pour les éviter, qui diffèrent selon les endroits. Des fleurs et de l'encens, des bâtonnets d'encens, du Dango, du riz lavé et de l'eau seraient servis à Kzu-Shima ; des cendres et 49 gâteaux de riz seraient servis dans la préfecture de Kochi ; des haricots d'été seraient servis à Ōtsuki, Kochi ; et des nattes tissées, des cendres et du bois de chauffage seraient servis dans la préfecture de Nagasaki. Dans la préfecture de Kochi, il est également affirmé que déclarer " Je suis Dozaemon " et prétendre

être l'un des Funayūrei peut les faire fuir. À Ehime, les Funayūrei peuvent être dispersés en allumant une allumette et en la lançant.

Les classiques

Les Funayūrei qui apparaissent sur la mer occidentale dans le recueil d'histoires merveilleuses de la période Edo, le Ehon Hyaku Monogatari, sont des esprits défunts des Taira. Le clan Taira périt à la bataille de Dan-no-Ura, mais un Funayūrei en armure et casque apparaissait en pleine mer entre Dan-no-Ura et Mekari dans le détroit de Kanmon (Hayamoto), disait " donne-moi un seau " et s'accrochait au bateau. En prêtant un hishaku, l'eau serait versée sur le bateau ; par conséquent, en traversant la mer en bateau, on en préparerait un avec le fond ouvert, évitant ainsi le Funayūrei. Il était une fois un moine bouddhiste, mû par la compassion pour le fantôme, qui accomplit un rite qui le chassa.

Les funayūrei qui apparaissent comme des boules de feu ou des fantômes en mer ont été discutés par Genrin Yamaoka, un penseur de l'ère Edo-. Il a évoqué plusieurs exemples d'âmes défuntes qui sont mortes avec rancune et sont restées même après avoir accompli leur vengeance, en se référant à Zhu Xi et à l'école Cheng-Zhu, et a conclu : " Même en voyant quelque chose de la part de dix personnes, en allant parfois de pair avec la raison, on peut parfois le voir dans les anciens livres chinois. " Bien qu'il soit impossible de saisir la fumée avec les mains, il est possible de la prendre dans ses mains en la recueillant et en colorant sa main. L'origine de la nature d'une personne est l'esprit (ki), et lorsque l'esprit stagne, ceux qui

construisent une forme et génèrent une voix sont connus sous le nom de yurei. Avant tout, les esprits stagnants des fantômes aspirent à tomber et à disparaître.

Onryō

L'Onryō (, littéralement " esprit vengeur ", parfois rendu par " esprit courroucé ") est un fantôme (yūrei) que l'on croit capable de nuire aux vivants, de blesser ou de tuer des ennemis, voire de provoquer des catastrophes naturelles pour se venger des torts qu'il a reçus de son vivant, puis d'enlever leur esprit de leur corps mourant. Le type de yūrei le plus redouté est l'Onryō.

L'expression est similaire à gory, sauf que l'agent opérant dans le culte du gory ne doit pas nécessairement être un fantôme courroucé.

L'origine

Si les origines des Onryō sont inconnues, la croyance en leur existence remonte au huitième siècle et s'enracine dans la pensée que les esprits morts forts et en colère peuvent affecter ou nuire aux vivants. La première trace de possession par l'esprit Onryō affectant la santé se trouve dans la chronique Shoku Nihongi (797), qui indique que "l'âme de Fujiwara Hirotsugu () a nui à Genb jusqu'à la mort" (Hirotsugu étant mort lors d'une insurrection ratée, nommée la "rébellion Fujiwara no Hirotsugu", après avoir échoué à écarter son rival, le prêtre Genb, du pouvoir).

Les Caractéristiques

Les onryō, propulsés par la colère, étaient considérés comme capables de créer des calamités naturelles comme les tremblements de terre, les incendies, les tempêtes, la sécheresse, la famine et la peste, comme dans l'exemple de l'esprit du prince Sawara enragé contre son frère, l'empereur Kanmu. Un tel châtiment exercé par des créatures ou des puissances surnaturelles est appelé tatari.

L'empereur Kanmu avait accusé à tort son frère Sawara d'avoir tenté de le déposer comme héritier du trône, et Sawara avait été exilé et était mort de jeûne. Selon un certain nombre d'universitaires, l'empereur aurait transféré la capitale à Nagaoka-ky, puis à Kyoto, afin d'éviter la colère de l'âme de son frère. Après cet échec, l'empereur a tenté de lever la malédiction en apaisant l'esprit de son frère, en organisant des cérémonies bouddhistes de révérence et en conférant le titre d'empereur à titre posthume au prince Sawara.

L'instance de Sugawara no Michizane, qui fut politiquement déshonoré et mourut en exil, est un exemple bien connu d'apaisement de l'esprit Onryō. La cour tenta de satisfaire l'esprit courroucé en rétablissant le statut et la position antérieurs de Michizane, dont on disait qu'ils apportaient la mort de ses calomniateurs en succession rapide, ainsi que des désastres (en particulier des dommages causés par la foudre). Michizane est devenu un dieu dans le culte de Tenjin, et des temples Tenman-g ont été construits autour de lui.

L'apparence physique

Onryō et les autres yūrei (fantômes) n'avaient pas d'apparence distinctive dans le passé. Cependant, lorsque le Kabuki est devenu plus célèbre tout au long de l'ère Edo, une tenue distinctive a été créée.

Le kabuki est une forme d'art très visuelle, et comme un seul acteur joue généralement plusieurs personnages dans un théâtre, il a créé un système de sténographie visuelle qui permet au public de reconnaître facilement quel personnage se trouve sur scène, ainsi que d'accentuer les émotions et les expressions de l'interprète.

Il y avait trois composants clés pour un costume de fantôme:

- Le shiroshzoku ou shinishzoku est un kimono funéraire blanc.

- De longs cheveux noirs ébouriffés et sauvages.
- Le maquillage du visage se compose d'un fond de teint blanc (oshiroi) et de peintures pour le visage (kumadori) d'ombres bleues (aigu-ma) "franges indigo", semblables à la façon dont les maquilleurs de kabuki représentent les méchants.

Ikiryô

Bien qu'il existe de nombreuses variétés de fantômes dans le folklore japonais et les légendes urbaines (sans parler des fantômes de démons et des fantômes de yokai, ainsi que de tous les yokai qui sont nés d'humains morts), le fantôme vivant, ou Ikiryô, est un sujet que nous n'avons pas encore abordé sur ce site (ou Ikiryôou).

La définition d'un Ikiryô est une manifestation d'une personne actuellement vivante qui apparaît à quelqu'un. En substance, l'âme

quitte le corps pour poursuivre d'autres intérêts. L'Ikiryô peut se manifester hors du corps de diverses manières, notamment par des expériences de mort imminente, des évanouissements, un désir extrême ou l'envie de voir quelqu'un, une haine intense, ou même l'administration du même type de rancune-malédiction que l'Onryō. Il n'est même pas nécessaire d'être mort pour se transformer en fantôme japonais !

L'Ikiryô est une croyance très ancienne qui remonte à certaines des plus vieilles superstitions du Japon. Il est également très présent dans la littérature japonaise à travers l'histoire. Selon Le conte de Genji, l'esprit vivant de Lady Rokujo traque et maudit une jeune femme nommée Aoi no Ue, qui est enceinte de l'enfant de Genji.

Si les terribles et effrayants Ikiryô nés de la colère ou du désir de tuer quelqu'un sont les plus répandus, il existe également de nombreuses histoires d'Ikiryô nés d'un amour brûlant et d'un désir ardent pour quelqu'un. Si l'amour d'une personne est suffisamment puissant, son esprit (généralement une femme) peut quitter son corps et rendre visite à son amant, même si elle n'en a pas conscience. Dans les années 1700, un jeune homme de Kyoto a vécu une expérience similaire. Une fille de sa région était tombée amoureuse de lui, et ses sentiments pour lui étaient si intenses qu'ils ont formé un Ikiryô. Son esprit le harcelait si violemment, lui criant son amour à l'oreille et le saisissant et le tirant violemment dans tous les sens, qu'il tomba malade et s'alita avec la maladie.

L'Ikiryô peut également sortir du corps sans cause apparente pendant le sommeil. Un mythe des années 1600 parle d'une jeune femme dont l'âme quittait son corps sans qu'elle en ait conscience

toutes les nuits pendant son sommeil. Elle rôdait dans les rues, effrayant les jeunes hommes qui l'attaquaient car ils la prenaient pour un monstre. La dame se réveillait effrayée chaque matin, ayant rêvé d'être chassée par des hommes toute la nuit.

Une autre forme répandue d'Ikiryô est celle qui apparaît juste avant la mort. Selon les croyances traditionnelles, l'âme quitte le corps juste avant la mort et se promène, fait des bruits et des activités en dehors de celui-ci. Ce phénomène est particulièrement répandu pendant le conflit, lorsque des guerriers d'autres régions sont censés venir voir leurs amis et leurs proches dans leur uniforme militaire quelques secondes avant ou après leur mort pour leur faire leurs derniers adieux. On croyait autrefois que les âmes des personnes qui allaient bientôt mourir ou qui étaient récemment décédées pouvaient être vues en train de visiter les temples voisins et de prier pendant les jours précédant leur mort.

À l'époque d'Edo, l'Ikiryô était considéré comme le signe de certaines maladies, comme le rikonby, ou "syndrome de l'âme séparée", et le Kage no yamai, ou "maladie de l'ombre". Tout au long de l'ère Edo, le somnambulisme et les expériences extracorporelles étaient considérés comme de terribles maladies. Lorsque l'Ikiryô quittait le corps, il emportait parfois avec lui la conscience de la personne, ce qui l'amenait à faire l'expérience de la vie comme si elle la faisait elle-même, voire à rencontrer son propre moi (un peu comme un double japonais).

Enfin, en effectuant un rituel de malédiction, on peut convoquer volontairement son propre Ikiryô. Ushi no koku mairi en fait partie. Une autre malédiction d'Okinawa, connue sous le nom d'ichijama,

est basée sur un concept similaire. Alors que la plupart des Ikiryô sont des esprits qui se promènent et font des choses pendant que leurs propriétaires dorment et ignorent ce qu'ils font, ces esprits sont complètement conscients, des utilisations délibérées d'un Ikiryô, ce qui les rend plus qu'effrayants.

CHAPITRE 6

LÉGENDES ET HISTOIRES DU FOLKLORE JAPONAIS

Les esprits de la montagne vivent en eux, tout comme les esprits humains. L'esprit de la montagne aspire à aider l'homme, tandis que l'homme aspire à des choses dont il n'a pas besoin. La corvée du tailleur de pierre peut conduire à la désillusion et au désir d'une vie meilleure pour un homme qui gagne sa vie en travaillant dur. L'esprit de la montagne a la capacité de réaliser tous les désirs de n'importe qui, et il utilise ce pouvoir pour aider ceux qui, selon lui, méritent une

telle faveur. Quand une montagne et un homme existent ensemble, cette histoire peut être racontée ailleurs.

Le tailleur de pierre

Et il y a un tailleur de pierre qui se rend chaque jour sur la montagne pour tailler la paroi rocheuse jusqu'à ce qu'il en retire un gros morceau. Ensuite, il la découpe en différentes formes et tailles. Souvent, il en fait des dalles. Il l'utilise pour faire des pierres tombales, mais il la découpe aussi pour diverses autres choses.

Il a acquis une grande expertise et de nombreuses connaissances tout au long de sa carrière. Il avait une réputation fantastique et de nombreux clients grâce à son travail acharné, son expertise, sa fiabilité et son dévouement.

Au pied de la montagne, il résidait dans un chalet en bois. Ce n'était pas grand-chose, mais cela répondait à ses besoins les plus élémentaires en matière de logement. Il a travaillé de longues heures à son métier pendant de nombreuses années, et cela suffisait à couvrir ses maigres dépenses. Il ne désirait rien de plus dans la vie et se contentait de ce qu'il avait.

L'esprit de la montagne

Les personnes qui vivaient dans les environs de la montagne croyaient qu'elle abritait un fantôme qui apparaissait à ceux qui le méritaient. Parfois, il leur suffisait d'entendre sa voix pour qu'il exauce leurs demandes. Être angélique de sagesse et de bonté, il ne se manifestait que lorsque quelqu'un était prêt à recevoir les bénédictions qu'il apportait.

Le tailleur de pierre avait entendu parler du fantôme, mais il ne l'avait jamais vu ni entendu parler. Par conséquent, il était sceptique quant à son existence réelle. Quand les gens en parlaient, il gloussait et secouait la tête, mais un jour viendrait où il changerait d'avis.

Le riche marchand

À un moment donné dans le futur, un marchand local très fortuné a envoyé l'un de ses employés chez le tailleur de pierre en lui demandant expressément de tailler une pierre tombale très coûteuse dans la montagne et de la transporter jusqu'à la maison de l'homme d'affaires. À cette fin, le tailleur de pierre s'est dirigé vers la montagne pour achever la pierre commémorative du riche marchand. Une fois la pierre tombale taillée dans la paroi rocheuse, il l'a chargée sur son chariot et l'a conduite jusqu'à la ville natale du marchand.

Lorsqu'il est arrivé au manoir du marchand, il a été stupéfait par sa taille et sa splendeur ! De toute sa vie, il n'avait jamais rien vu de tel. Dès qu'il atteignit la porte, il sonna la cloche d'argent pour appeler un serviteur, qui s'empressa de l'ouvrir et de le conduire à son seigneur.

Au premier coup d'œil, le tailleur de pierre est stupéfait par la splendeur du mobilier, des œuvres d'art et des tapisseries de prix. C'était la première fois de sa vie qu'il voyait autant de richesse, et cela l'a changé à jamais. Alors que le tailleur de pierre partait à contrecœur pour retourner dans sa pauvre maison, le riche

marchand, vêtu de magnifiques robes de soie, l'accueillit et le paya comme convenu.

Aspiration à la richesse

Le tailleur de pierre a commencé à changer après sa visite chez le riche marchand. La taille de la pierre est devenue de plus en plus difficile et épuisante, et il ressentait des douleurs dans ses os lorsqu'il travaillait de longues heures.

Ses os ne lui faisaient pas aussi mal que la veille, alors il aurait aimé avoir une immense maison avec des domestiques et de beaux meubles et des œuvres d'art partout pour pouvoir bien dormir et se réveiller rajeuni, mais il n'avait pas ce luxe. "Oh, quelle joie ce serait

!"

Les esprits de la montagne l'entendirent et s'écrièrent : "J'entends ta demande, et tu verras... en un clin d'œil, tu seras un homme riche !" au plus grand étonnement du tailleur de pierre.

Personne n'a répondu à la demande d'aide du tailleur de pierre. Il s'est dit qu'il était épuisé et a inventé une histoire en disant qu'il devait s'imaginer des choses. Il jeta son matériel dans son chariot et reprit le chemin de la modeste maison de bois usée par les intempéries où il avait construit sa demeure. Lorsqu'il arrive à l'endroit où se trouvait sa cabane, il se tient debout, la bouche ouverte et les yeux fermés en état de choc. Il était sans voix face à ce dont il était témoin. Au lieu d'une modeste cabane en rondins, un vaste et opulent palais se dressait à sa place.

Lorsqu'il est arrivé, un serviteur lui a ouvert la porte et l'a escorté à l'intérieur. De nombreuses peintures et œuvres d'art exquises se trouvaient à l'intérieur de la maison. Toutes les pièces étaient meublées de façon luxueuse, mais le lit à quatre colonnes de la chambre à coucher en était le summum. Une literie confortable en plumes et un couvre-lit en soie assuraient une nuit de sommeil des plus luxueuses. Il n'avait jamais vu de telles tentures, composées d'un tissu doré orné d'étoiles et de lunes argentées. En tous points, c'était exactement ce qu'il avait espéré.

Le tailleur de pierre s'installe rapidement chez lui et dort dans son lit toutes les nuits, se réveillant reposé et en pleine forme. Il oublia rapidement son ancien travail de tailleur de pierre tant il était heureux. Un jour, au début de l'été, il n'a pas pu respirer tant la chaleur était intense. Lorsque la température a baissé, il a choisi de rester à l'intérieur de son palais jusqu'à la nuit, lorsque le temps serait plus supportable. Cela a fonctionné pendant un certain temps, mais il s'en est rapidement lassé. L'homme avait toujours travaillé de longues heures et ne savait pas comment passer le temps quand il ne travaillait pas. Pour lui, c'était soit le travail, soit la détente, et il n'avait pas le temps de s'adonner à d'autres intérêts ou passe- temps. La seule façon dont il pouvait voir ce qui se passait au-delà des murs du château était de jeter un coup d'œil à travers les rideaux fermés de chaque chambre.

Le prince au parapluie d'or

La fenêtre d'un de ses appartements donnait sur une rue animée, et le tailleur de pierre jeta un coup d'œil à travers le rideau pour voir

passer une voiture ouverte tirée par un cheval blanc. Pour conduire et suivre la voiture, il y avait un groupe de serviteurs portant des uniformes écarlates et or, avec un troisième groupe suivant de près. Le conducteur de la voiture et le serviteur étaient tous deux vêtus d'uniformes rouge et or. Un valet de pied en smoking était assis à l'arrière de la voiture. Le tailleur de pierre n'avait jamais vu un royal en robe rouge et or comme celui qui était assis dans le carrosse. Un autre serviteur, vêtu d'une parure, se tenait derrière lui et brandissait un parapluie doré pour protéger le prince des rayons intenses du soleil. Après avoir vu le parapluie d'or du prince qui le protégeait des rayons du soleil, il a immédiatement été envié.

"Oh, comme j'aimerais être un roi avec un carrosse luxueux, une équipe d'assistants, et un parapluie doré pour me protéger des rayons du soleil." Le tailleur de pierre s'est écrié : "Oh, comme je devrais être heureux !" alors que le prince disparaissait de la vue.

Une fois de plus, l'esprit de la montagne l'entendit et lui répondit : " J'entends ta requête, et tu verras en un clin d'œil, prince avec parapluie et carrosse tu seras ! "

Instantanément, il est assis dans un véhicule luxueux, flanqué de part et d'autre de deux groupes d'assistants. Alors qu'il était assis sous le soleil brûlant, un serviteur tenait un parapluie doré au-dessus de sa tête pour le garder au frais. C'était exactement ce qu'il avait espéré et désiré de tout son cœur.

Son bonheur et son contentement diminuèrent au fil du temps alors qu'il traversait la campagne et les villes dans la calèche ombragée, mais il finit par être insatisfait. Cette nouvelle compréhension lui permit de déduire que l'esprit de la montagne avait été la source de

toute sa bonne fortune. Il a souhaité quelque chose alors que sa voiture traversait la campagne et les villes et villages de sa patrie.

Le Soleil

Lorsqu'il était dehors, il a remarqué que le soleil avait desséché toutes les cultures vivrières et l'herbe des pâturages. Malgré le fait que les gens arrosaient constamment les cultures et l'herbe, la chaleur continuait à les brûler et à les sécher. De plus, malgré le fait qu'il passait chaque jour à l'ombre du parapluie, il commença à se rendre compte que son visage devenait de plus en plus rouge et brun.

"Je ne suis pas de taille face à la force et à la puissance du soleil", dit un jour le garçon en colère. Quand je serais au soleil, je serais le plus fort et le plus heureux de tous.

J'entends ta demande, et tu verras en un clin d'œil le soleil que tu seras ! dit l'esprit de la montagne.

En l'espace d'une fraction de seconde, le tailleur de pierre s'est transformé en soleil, contemplant la planète de ses rayons brillants. En voyant les cultures se flétrir et l'herbe brûler sous ses rayons, il était ravi. Dès qu'il vit les princes sous leurs parapluies dorés, il fut ravi. Pendant un temps, il fut à l'aise, mais il devint vite insatisfait.

Un nuage

Soudain, un nuage est apparu entre lui et le sol alors qu'il s'apprêtait à lancer ses faisceaux, brûlant les cultures et tannant les traits de la

royauté. Ce nuage est-il plus puissant que moi ? Je n'arrive même pas à envoyer mes rayons les plus puissants vers le sol !" Quand j'étais un nuage, j'aurais été le plus puissant de tous !

L'esprit de la montagne l'entendit à nouveau et lui répondit : "J'entends ta requête, et tu seras témoin en un clin d'œil d'un nuage que tu seras !". '

Il se transforma en nuage et flotta loin au-dessus de la planète, bloquant les rayons du soleil avec son corps. Le sol brûlant était rafraîchi par la pluie, et les cultures et l'herbe reverdissaient. Il était heureux de voir les fleurs s'épanouir et les lits des rivières et des lacs asséchés se gonfler grâce à sa pluie. Il était également ravi de voir les fleurs s'épanouir grâce à la pluie. Pendant des semaines, il déchaîna ses pluies torrentielles, inondant villes et villages et détruisant toutes leurs récoltes. Il est devenu furieux lorsque l'eau a englouti le sol, obscurcissant le sommet au-dessus.

Une montagne

Cette montagne est-elle plus forte que moi ? Si seulement je pouvais être une montagne, je serais le plus fort ! Après l'avoir écouté, l'esprit de la montagne dit : "J'entends ta requête, et tu verras une montagne en un clin d'œil !".

En une fraction de seconde, il s'était élevé au sommet d'une grande montagne et pouvait voir à des kilomètres à la ronde. Il ne semblait pas perturbé par les rayons intenses du soleil qui rebondissaient sur sa peau par moments. Il ne se souciait pas de la pluie qui inondait les vallées en contrebas, balayant tout sur son passage dans

d'énormes flots. Pendant une brève période, il était heureux et confiant dans ses capacités.

Un homme

Sa joie, cependant, a été de courte durée. Il a été surpris par un bruit étrange qu'il pensait provenir d'en dessous de lui. Son regard est tombé sur le sol, et il a vu un petit gars épuisé en train de tailler sa pierre. Pour une commission, il s'agissait d'un tailleur de pierre qui découpait une dalle de pierre dans le rocher. Le tailleur de pierre a brisé une grande dalle de granit qui lui est tombée dessus après des heures de travail, puis l'a transportée sur un chariot.

Le petit gars épuisé est devenu furieux et a dit : "Mais qu'est-ce que c'est que ça ? Ce serait bien si j'étais un homme !

En réponse, l'esprit de la montagne dit : "J'entends ta demande, et tu verras en un clin d'œil l'homme que tu seras", une seconde fois.

Sa vie s'est transformée en un instant en celle d'un adulte qui passait ses journées à tailler des pierres sur le flanc de la montagne. Malgré le fait qu'il travaillait de longues heures et que ses os lui faisaient mal, il avait assez d'argent pour vivre et était satisfait de sa profession et de sa vie. La capacité de faire des vœux lui avait appris à se concentrer sur les choses qu'il possédait déjà plutôt que de se languir de celles qu'il n'avait pas. L'esprit de la montagne était ravi, et il commença à chercher une autre âme malheureuse à aider.

L'enfant du tonnerre

Certains croient que les dieux ne se soucient pas ou n'ont pas conscience de l'existence humaine. L'un des dieux a été blessé par cela et a réagi avec colère. Pour l'éducation de son fils, il décida de l'envoyer dans le monde pour vivre avec les autres et en apprendre le plus possible sur eux. Il retournerait ensuite auprès des dieux et leur donnerait les nouvelles informations qu'il avait apprises.

Raiden Sama, Dieu du Tonnerre

Raiden Sama, Dieu du Tonnerre et Seigneur des Éléments, tel était son nom. Lui et son fils Rai Taro résidaient dans le Château des Nuages, dans les cieux. Ils se promenaient ensemble sur les remparts de temps en temps, gardant un œil sur ce que les gens d'en bas faisaient. Pour voir à quel point les parents aimaient leurs enfants, Rai-Taro les observait lorsqu'ils jouaient. En tant que père, Raiden se souciait beaucoup de son enfant et avait décidé d'un plan pour qu'il termine ses études.

Un jour, il a demandé à son fils de le rejoindre pour une promenade sur les murs du Château des Nuages. Son fils obéit à l'ordre de son père et l'accompagna jusqu'au sommet des fortifications. Raiden escorta son fils jusqu'au rempart nord, où ils se tinrent debout et contemplèrent la ville en contrebas. Des guerriers armés d'épées et de lances étaient visibles sur le sol en dessous d'eux alors qu'ils suivaient les traces de leurs Seigneurs. Un grand nombre de personnes ont été tuées dans le conflit.

Ils se dirigèrent vers les remparts de l'est, où Rai Taro remarqua une belle princesse dans sa tonnelle lorsqu'ils regardèrent en bas. Elle était entourée de servantes vêtues de rose qui lui jouaient une merveilleuse musique, ainsi que de jeunes gens qui jouaient avec des fleurs et en faisaient des colliers.

Rai Taro était ravi de voir les jeunes fabriquer des colliers de fleurs. Cela semblait idyllique, mais c'était une vie où l'on gaspillait son temps et son argent pour de petits plaisirs.

En marchant vers les remparts sud, ils ont trouvé un temple vénéré par des prêtres et des saints. Le temple était rempli de sculptures en ébène, ivoire, diamant et jade, tandis que les gens à l'extérieur étaient terrifiés.

qui les regardait depuis le rempart ouest. Sur le sol en contrebas, ils aperçoivent un pauvre paysan peinant dans les champs, le corps souffrant de l'effort. Sa femme était toujours à ses côtés. Il était épuisé, épuisant, mais sa femme était bien plus mal en point. Il était évident qu'ils vivaient dans des conditions sordides et étaient vêtus de vêtements déchirés.

"Pourquoi sont-ils si épuisés ? N'ont-ils pas d'enfants à aider ?" Rai Taro était perplexe.

Son père a dit : "Non, ils n'ont pas d'enfants."

Raiden a laissé Rai-Taro regarder les humains aussi longtemps qu'il le souhaitait avant de dire : "Eh bien, mon fils, tu as passé beaucoup de temps à les observer." Lorsque tu seras en âge de commencer l'école sur Terre, tu auras également besoin d'un endroit où vivre.

Par conséquent, vers qui dois-je te diriger en fonction de ce que tu as vu ?

"Père, pensez-vous que je devrais partir ?", a-t-il demandé à son propre fils.

La décision de Rao Taro

C'est vital, alors fais ton choix, et quand tu retourneras, tu apprendras aux dieux ce que sont les gens", dit son père avec douceur.

"Je n'accompagnerai pas les sauvages et les combattants. "Je ne suis pas un adepte du conflit !"

Je suis désolé d'apprendre que vous n'êtes pas fan des hommes qui s'engagent dans des combats. "Bien sûr, je vais aller à la foire princesse," répond-elle. interroge son père avec un sourire.

"Je ne vais pas vivre avec la princesse", ai-je dit. Comme si la vie ne pouvait pas être plus facile ou plus confortable,"

"Peut-être que le temple est pour toi alors ?" a dit son père.

Quand on lui a demandé s'il était prêt à se raser la tête et à vivre avec les moines, il a répondu : "Non, je ne le veux pas."

Mais vous ne choisirez sûrement pas de vivre parmi les paysans. Son père disait : "C'est une vie de dur labeur et de peu de nourriture."

"Ils n'ont pas d'enfants." "Peut-être qu'ils m'accepteront comme un fils, et je leur offrirai de la joie en conséquence."

Avec fierté, son père s'est exclamé : "Tu as fait un excellent choix, mon fils. Je suis très fier de toi !"

Mais où dois-je aller ensuite, père ?

Selon les instructions de son père, il devait se comporter comme s'il était le fils d'un dieu et se comporter comme il se doit.

La Terre

Ils habitaient au pied de Hakusan, une montagne de la région d'Ichizen, au Japon, où le fermier et sa femme travaillaient dans leur rizière. À cause du soleil qui brillait de tous ses feux chaque jour pendant des semaines, leur rizière s'était asséchée, ce qui rendait difficile leur gagne-pain. Quelques jours plus tard, le vieil homme est sorti seul pour inspecter la récolte et a été horrifié par ce qu'il a vu. Il n'y avait plus de pousses vertes, et il s'est lamenté : "Que ferons- nous si la récolte est mauvaise ?" "Que les dieux aient pitié de nous

!"

Assis sur le sol, il s'est immédiatement évanoui d'épuisement en criant de frustration. Bien qu'il ne soit que midi, il semblait que le ciel s'était assombri et que les oiseaux avaient cessé de chanter et s'étaient réfugiés dans les arbres.

Il va enfin pleuvoir, grâce à un orage !" Comme Raiden monte son cheval noir et joue du tambour, nous pouvons nous attendre à ce qu'il pleuve bientôt", dit-il avec joie.

"J'offre ma gratitude pour ce que vous avez apporté, honorable Raiden, mais nous avons amplement de quoi satisfaire nos besoins

maintenant", dit le vieil homme alors que la pluie tombe à verse, que le tonnerre gronde et que les éclairs brillent.

En réponse, il y eut un grondement de tonnerre et un flash de lumière alors qu'une boule de feu descendait sur le sol. Le pauvre paysan effrayé tomba à genoux et cria : " Pitié ! Pitié ! Pitié ! Il mit son visage dans ses mains et implora Kwannon : "Kwannon, s'il te plaît, aie pitié de cette âme méchante."

Il se lève et jette un coup d'oeil autour de lui alors que le tonnerre ralentit enfin. La boule de flammes avait disparu, mais il y avait toujours un petit garçon allongé sur le sol, trempé et propre à cause de la pluie. "Ma Dame Kanzeon, Dame de la Compassion, vous êtes compatissante, et je vous remercie de tout mon cœur !" s'exclama le paysan appauvri en se précipitant vers le garçon et en le prenant dans ses bras.

Il a levé les sourcils et regardé le ciel couvert. Malgré la pluie, les nuages se sont écartés pour laisser apparaître un ciel azur impressionnant au-dessus de lui. À cause de la pluie froide, toutes les fleurs des environs ont ressuscité et ont hoché la tête comme pour reconnaître le miracle. Il ramena l'enfant à sa maison avec beaucoup de soin et de gratitude. Il dit à sa femme : "Femme, dépêche-toi ! J'ai quelque chose pour toi !" en franchissant la porte.

C'est une bonne question. la femme de l'homme

"C'est Rai-Taro, le fils du Tonnerre !" dit-il fièrement en tendant le bébé à sa femme.

La vie sur terre

Ils ont fait tout leur possible pour prendre soin de Rai-Taro. Ils ont compensé leur manque de richesse par leur amour et leur dévouement. Il devint le jeune homme le plus fort, le plus grand et le plus heureux qu'on puisse imaginer. À la grande joie de ses parents adoptifs, il était la coqueluche de tout le quartier. Son père adoptif lui apprend à travailler aux champs comme un homme à l'âge de dix ans, et il devient un expert en prévisions météorologiques.

Pour aider son père et le reste de la communauté à planifier leur travail, il disait des choses comme : "Père, je pense que nous allons avoir un excellent temps" ou "Je pense qu'il y aura une tempête demain". Il avait presque toujours raison. À son arrivée, le sort de ses parents adoptifs a commencé à s'améliorer.

Pour commémorer l'anniversaire de leur fils adoptif, le jour où ils l'ont rencontré pour la première fois, ses parents adoptifs âgés organisaient chaque année une fête d'anniversaire. Cette année, pour son 18e anniversaire, ses parents adoptifs lui ont offert une fête extravagante. Seul Rai-Taro semblait déprimé à cette fête, où il y avait assez de nourriture et de boissons pour tout le monde.

Pour savoir pourquoi il se sentait si déprimé le jour de son anniversaire, sa mère adoptive l'a convoqué. C'est un jour à savourer. Comme une personne qui a toujours été connue pour son sens de l'humour, "Tu te sens déprimé ?"

Adieu

"Je suis désolé", a-t-il murmuré. "Je réalise que je dois partir." Pourquoi devez-vous partir ?" s'étonne-t-elle.

"C'est nécessaire - c'est une nécessité absolue. Rai-Taro se lamente

: "Mon temps ici est écoulé, et je dois retourner chez moi."

"Rai-Taro, mon fils, tu nous as apporté une excellente fortune," lui a dit son père. Ton amour et ton soutien nous ont aidés à nous relever de notre situation difficile. Je te remercie pour cela. "Avec tout ce que tu nous as donné, qu'avons-nous fait exactement pour toi ?"

"Trois leçons importantes m'ont été transmises par vous. La première est de se mettre au travail. La deux-ième est comment supporter sa douleur avec dignité, et la troisième est comment aimer son partenaire sans réserve. Grâce à cela, je suis maintenant plus instruit que les Immortels, et je vous remercie, mais je dois retourner les éduquer."

Afin d'atteindre le Château des Nuages, il embrassa ses parents adoptifs et prit la forme d'un nuage blanc, montant au ciel. À son arrivée, son père l'a accueilli chaleureusement et ils se sont tenus sur les remparts occidentaux, regardant la terre.

Dans le monde réel, sa mère adoptive était accablée par le chagrin, mais son mari l'a réconfortée en lui disant: "Tout va bien, chérie."

"Ne pleure pas", a-t-il répondu, "nous sommes ensemble depuis longtemps, et il ne nous reste plus beaucoup de temps".

Rai-Taro n'apprendra jamais la leçon de la mort, et les dieux ne le sauront jamais, a-t-elle murmuré. "C'est vrai, ma chère." Quand sa femme est morte, le vieil homme l'a bercée dans ses bras et a pleuré, lui aussi.

Milton Keynes UK
Ingram Content Group UK Ltd.
UKHW020733291223
435170UK00014B/570